马克安哲学研究

韩雪吟 ◎ 著

Research on
Marcion of Sinope's Philosophy

人民出版社

责任编辑:洪 琼

图书在版编目(CIP)数据

马克安哲学研究/韩雪吟 著. —北京:人民出版社,2022.3
ISBN 978 - 7 - 01 - 024372 - 6

Ⅰ.①马…　Ⅱ.①韩…　Ⅲ.①马克安(Marcion,约 110-160)-基督教-
　宗教哲学-研究　Ⅳ.①B978

中国版本图书馆 CIP 数据核字(2021)第 270407 号

马克安哲学研究
MAKEAN ZHEXUE YANJIU

韩雪吟 著

人民出版社 出版发行
(100706　北京市东城区隆福寺街 99 号)

北京中科印刷有限公司印刷　新华书店经销

2022 年 3 月第 1 版　2022 年 3 月北京第 1 次印刷
开本:710 毫米×1000 毫米 1/16　印张:11.25
字数:200 千字

ISBN 978 - 7 - 01 - 024372 - 6　定价:59.00 元

邮购地址 100706　北京市东城区隆福寺街 99 号
人民东方图书销售中心　电话 (010)65250042　65289539

目　录

绪　论

　　自人类诞生伊始，宗教的观念就不可避免地形成了。无论是出于外在的生存需要还是内在的心理需求，人们都渴望通过某种宗教形式来完成这一需求。宗教信仰可以帮助人们克服对无限和未知的恐惧。然而由于语言、地域和环境等限制，宗教信仰基本都局限在某一范围内传播。

　　基督教诞生之前，在整个欧洲大陆和地中海沿岸范围内，波斯帝国的国教锁罗亚斯德教应当算是传播最为广泛的宗教之一了。即便如此，在亚历山大大帝征服波斯之后，琐罗亚斯德教也不得不开始与希腊神话进行融合，将所崇拜的最高神祇阿胡拉马自达等同于希腊神话中的太阳神，以此形成改良后的宗教。除此之外，大多数宗教信仰都是以某一个民族或某一个部族为信仰主体，犹太教正是其中的典型。犹太信仰具有极强的民族性，它仅在犹太民族内传播，很难接纳外邦人。尽管犹太教内部也分成了不同的派别①，但

---

　　① 早期犹太教主要派别有法利赛派、撒都该派和爱色尼派。法利赛派注重律法，在宗教上的影响力最大，耶稣正是被法利赛人送上了十字架；而撒都该派则以权贵为主，虽然人数没有法利赛人多，但具有极大的政治权力；而爱色尼派是小众团体，以独善其身为主要任务。

他们仍然保持共同的信仰。基督教最初也只是犹太教内部的一个派别,他们相信犹太人一直期待的弥赛亚已经到来,耶稣正是肩负这个使命降临人世的。许多犹太人并不相信耶稣是旧约中所预言的救世主,因此导致耶稣被钉死在十字架上。尽管他的使徒们相信基督耶稣死而复活,并继续传播耶稣的教导,但基督教究竟去向何方仍是棘手的难题。政治上不被罗马当局认可、与犹太教之间的暧昧关系以及教会内部的矛盾和分歧都是其发展道路上必须面对和解决的困难。相比较而言,内部矛盾应当是影响最小的,毕竟在面对外来威胁时,无论哪个派别的基督教会都会用自己的方式维护基督教信仰。至于如何处理与罗马政府的关系,除了靠一些处于上层阶级的基督徒的正面宣传之外,更多的还是依赖于基督教自身的发展和定位。而其中基督教与犹太教之间暧昧不明的关系始终是基督教需要处理的难题之一:一方面从教会实践而言,基督教正在逐步脱离犹太教,而犹太教也不承认基督教教会的合法地位;另一方面从教会理论而言,基督教信仰又不得不依托于犹太教传统,却又在诸多方面异于犹太教圣经。

如何在维持犹太教一脉相承的延续性的同时又凸显自己的特质,对于公元 2 世纪的基督教护教士而言,解决这个问题的唯一途径就是运用各种解释方法在犹太教的圣经旧约与基督教的信仰内容之间建立连接的桥梁。因此,在系统的教义还未建立之前,早期基督教与犹太教之间的问题主要体现在旧约之中。无论是有意还是无意,绝大多数护教士都尽量避免谈及旧约与新约之间的差异,对于无法回避的矛盾,他们也倾向于采取隐喻或寓言的方法进行解释。因此,旧约在当时基督教神学中的地位是神圣不可动摇的。

没有人质疑过它的神圣性,直到一个人的出现。他就是本书的主角,西诺普的马克安(Marcion of Sinope)。

　　马克安是一位来自本都(Pontus)地区的富有的船主,他是使徒保罗的忠实追随者。以保罗神学为起点,将犹太教的旧约经典和流传下来的基督耶稣所传的福音为研究对象,马克安在自己坚定的基督教信仰基础之上得出了一个令教会震惊的结论:旧约中的神与基督教所信仰的神并不是同一个,基督教和犹太教是两个完全不同的宗教。教会当然无法接受这个命题,而他被教会拒绝后竟然建立了自己的教会并根据自己的理解编撰了新约圣经。他的行为大大威胁了基督教会的生存发展,即便是当时宽容度较高的基督教会,也无法忍受他的所为,最终将他逐出教会视为异端。马克安也因此被称为史上最古老的异端分子。

　　相比基督教思想史上曾经出现过的那些声名显赫的思想家们,马克安算不上是一位重要人物,但他对基督教会而言却具有独特的意义,他试图以一种全新的视角赋予基督教存在的合理性。在他所处的时代,诸多的护教士都在为同一个目标而努力,但唯有马克安大胆地选择了一种简单而纯粹的方式——摒弃旧约,在二元论的宇宙观基础之上强调基督耶稣作为中保带来陌生上帝的福音。当然,马克安并没有取得成功。在当时复杂而混乱的环境之下,他的解决方法也许并非是基督教会的最佳选择。然而,这种尝试尽管在当时失败了,但它的出现却为后来一些重要的神学命题提供了思考的线索。尤其是在基督教发展稳定之后,基督教神学需要抛开复杂华丽的外表,回归纯粹的信仰本质。此时,回首基督教发展历史,公元 2 世纪的马克安就像遥远夜空中的一颗闪着微弱光芒的星星，给后来者提供了那一点点的启示，但这一点点却足以使人们获得灵感。

然而，马克安的价值在很长一段时间内被忽略。尤其是国内的相关研究现状。目前国内还没有关于马克安思想研究的著作，唯一能够找到的系统论述马克安思想的只有朱雁冰翻译的德国教会史学家和思想家哈纳克（Adolf Von Harnack）所著的《论马克安：陌生上帝的福音》一书，此书中收录了两篇国内学者的相关论文，一是刘小枫教授的《灵知人马克安的现代显灵》，该文梳理了马克安思想在现代哲学、神学甚至是政治学上的显现；二是张新樟教授的《哈纳克的〈论马克安:陌生上帝的福音〉》，是对哈纳克一书的整体评论。其他关于诺斯替主义或二元灵知论的相关著作中，也有部分关于马克安思想的陈述，如在张新樟教授《"诺斯"与拯救——古代诺斯替主义的神话哲学与精神修炼》一书中，有一章对马克安思想体系进行解读。相比较与国外丰富的研究成果，国内的研究可谓是基本处于空白状态。

在德语神学界，关于马克安的研究一直没有停止。在哈纳克之前就有一些思想家展开了相关的研究。比如为了重新证实教父宣言的可信度，哈恩（Hahn）采取了重建马克安福音文本的方法。他发表了《论马克安福音的原有形态》（Das "Evangelium Marcionis in seiner ursprünglichen Gestalt", 1823）和《马克安的圣经》（"De Canone Marcionis", 1824）两篇论文。他的观点后来受到了来自利敕尔（Ritschl）、鲍尔（Baur）和沃克玛（Volckmar）的挑战。他们认为马克安的福音不仅仅是对路加福音的误读，而是依赖于一个更古老的文本。然而，彼时大多关于马克安的研究都是来自于教会教义学和圣经神学领域,并且大都出自德语神学界。

直到 20 世纪初,德国教会史学家阿道夫·冯·哈纳克(Adolf Von Harnack)的研究改变了这一状况,他的研究成果引起了许多思想家的关注,他们开始重新审视马克安的历史价值。哈纳克用一生的精力和时间搜集整理了马克安的残篇以及相关资料,"即使那些试图以新方法解释马克安的学者(比如 B.阿兰德[Barbara Aland])也不得不承认,关于马克安的资料哈纳克已搜罗殆尽。决定性的新证据再也没有发现过。"①哈纳克本人对马克安的评价相当之高,他认为透过马克安能够寻找到基督教从后使徒时代向大公教会时期过渡时所产生的难题的答案。诚如他自己所言:"在教会史上,他是我第一个所爱,这种倾心和敬仰在我跟着他所经历的半个世纪里始终未变,甚至不曾因奥古斯丁而有所衰减。"②哈纳克已经不仅仅是从历史学家的角度研究马克安了,在研究的过程中他加入了自己的神学态度和立场。因此,他的结论是具有主观性的,但这并不影响他在马克安研究上的主导地位。

自哈纳克之后,整个西方神学界开始不断有人赞同或是反对他的观点,对马克安的研究也出现了不同的类别相关的著作有 R.S.威尔逊(Robert Smith Wilson)的《马克安:对二世纪异端的研究》(*Marcion:A Study of a Second Century Heretic*,1933),诺克斯(Knox)的《马克安和新约》(*Marcion and the New Testament*,1942),布莱克曼(E.C.

---

① 约安·P.库里亚诺:《西方二元灵知论——历史与神话》,张湛、王伟译,莫伟民校,上海:上海人民出版社 2009 年版,第 164 页。

② 哈纳克:《论马克安:陌生上帝的福音》,朱雁冰译,北京:三联书店 2007 年版,第 3 页。

Blackman)的《马克安和他的影响》(*Marcion and His Influence*, 1948),嘉格(Gager, John G.)的《马克安与哲学》(*Marcion and Philosophy*, 1972),B.阿兰德(Barbara Aland)的《马克安:一种新的解读》(*Marcion: Versucheinerneuen Interpretation*, 1973),U.比安奇(U.Bianchi)的《马克安,圣经神学家还是诺斯替主义者?》(*Marcion, Théologien Biblique Ou Docteru Gnostique?* 1978),R.J.霍夫曼(R. Joseph Hoffmann)的《马克安:论基督宗教的复原》(*Marcion: On the Restitution of Christianity*, 1984),以及莫尔(Sebastian Moll)的《最古老的异端马克安》(*The Arch-Heretic Marcion*, 2010)。而其中,对马克安的不同认知又将他们分成了不同的派别。威尔逊和霍夫曼支持哈纳克的观点,认为马克安是公元2世纪理性主义的改革者;布莱克曼、比安奇和阿兰德则认为马克安是诺斯替主义的代表人物之一;嘉格则倾向于德尔图良的观点,认为马克安是一个哲学家;而莫尔则从历史的角度以批判的态度综合了前人的观点,认为哈纳克关于马克安的评价过高,尽管不能笼统的将他归为诺斯替主义的一分子并承认马克安思想的独创性,但他的影响力是有限的。

关于以上的观点,本书在第一章进行了概述性的论证。之所以不同的思想家会对有如此不同的诠释,是因为他本身就成长于一个多元的环境之中——东西方宗教的碰撞与融合、希腊古典哲学传统的熏陶以及自身的基督教信仰背景都在马克安的思想中有所体现。其中,马克安的二元论很有可能既受到了来自于伊朗—巴比伦宗教传统的影响(其中密特拉教和琐罗亚斯德教所宣讲的善—恶、光明—黑暗的对立尤为突出),又受到了来自于柏拉图哲学传统的灵—肉二元对立的影响。在他的言语之中,对肉体以及肉体所处的这个世界都充满了厌恶之情,对他而言,被拯救的对象只能是灵魂。

马克安思想的起点离不开旧约。虽然他否定了旧约的神圣性,但在解读方法上却完全忠实于原文。他将《旧约》作为一本记载犹太民族发展历史的纪要看待,从不怀疑其真实性,只是其中的内容与基督教信仰无关。他相信旧约中所记载的全部内容。尽管有学者认为他之所以从字面理解旧约是因为其中所描述的世界的恶和造物主的严苛与他对世界厌恶不谋而合①。我们无法得知马克安究竟出于什么原因坚持字面释经的方法,但他的坚持是具有时代意义的。考虑到希腊人对寓言的运用,寓意释经的方法很有可能导致相似的结果而使经典丧失其本来的权威性。而权威的前提正是唯一性,即解释只能有一种。

当然,从当时的实际情况看来,寓意释经法比字义释经法更合时宜。毕竟,公元2世纪的基督教无论是从理论上还是从实践上都必须延续它的历史而不是重新创造历史——如果耶稣不是旧约所预言的弥赛亚,那么如何解释他的到来和存在就显得相当棘手。但马克安的态度却引起了基督教会的重视。在他之前的护教士致力于寻求旧约与新约的完满统一,比如,伊格纳修和巴拿巴书的作者;而在他之后这种论调则不再占据主导。他们不再回避旧约与新约之间的差异,开始认真思考以寻找解决的办法。比如,托勒密就尝试用诺斯替主义的方法进行重新诠释并且取得了一些成效。而查仕丁则在神圣启示中引入时间发展的概念,提出新—旧约的

---

① 这个观点来自于摩尔(Moll)。

观点,并得到了教会的认可。而马克安的学生阿培勒斯更是在老师的基础上试图证明旧约中关于上帝的记载是完全错误的。

对于公元 2 世纪末和 3 世纪初的基督教护教士而言,本书的主角马克安可谓是他们知悉的最早的异端分子之一。从当时发表的反对马克安的相关著作看来,马克安对基督教的影响是相当严重的。德尔图良甚至发表了五部反驳马克安的著作,而这一系列是迄今为止所发现的德尔图良的著作中最长的一部。马克安的确是一个危险分子,虽然他最终并没有从理论上说服基督教会。事实上,理论异见并不是当时基督教面临的最严峻的障碍,教会最害怕的并不是来自其他宗教或希腊哲学的批判而是实际的分裂行动,尤其是来自教会内部有坚定信仰的人。而马克安恰恰属于这类最具威胁的范畴。

毫无疑问马克安和他的追随者给正统教会所带来的威胁比同时代的任何异端都要严重。尽管马克安的著作已经失传,但从他的对手那里还是有可能还原部分马克安的理论以及他的相关信息①。当然,这样做必须相当谨慎,因为他们对马克安的批判很少能不带偏

---

① Sebastian Moll, *The Arch - Heretic Marcion*, Mohr Siebeck Tubingen, 2010,p.11:"关于马克安的资料比他那个时代的任何异端学者都要多,其中一些在重建他的生平和思想时具有不可取代的价值。首先就是德尔图良(210A.D.),他著书五部来反驳马克安思想;其次是查仕丁,在他的《护教学》(153—154ca.)中第一次提到了马克安的名字,这是马克安同时代保留下来的少数资料之一,从中可以更真实和完整的追溯马克安的行迹以及他最初思想的建立过程。两百年以后,马克安主义仍旧是伊皮凡尼乌斯(Epiphanius)的研究对象,在他的 *Panarion*(375ca.)一书中详细分析了马克安对新约的解读。除此之外,爱任纽(Ireanius)第一次将马克安与他的前辈Cerdo、Rhodo 和 Hippolytus 联系起来,有助于了解马克安理论发展中的关键变化;亚历山大的克莱门特为我们提供了马克安伦理学的有关资料。"

见。为了尽可能全面客观地评价马克安,本书将循着马克安的生活轨迹,从本都出发,寻找那些可能对他产生影响的宗教和哲学元素。

　　孕育马克安思想的土地本身就处于多元文化交融的环境之中。东方宗教或许是最早在本都产生影响的宗教,因为该地最早的居民是来自伊朗和巴比伦传统的闪米特人。他们的宗教——密特拉教和琐罗亚斯德教在当地一直占据主导地位。伊朗—巴比伦宗教体系最显著的特征就是二元论传统。善—恶、光明—黑暗的二元对立是琐罗亚斯德教的主要宗教特色。这种二元对立的世界观在更早之前犹太人流亡至巴比伦时就影响了犹太人的思想,一些犹太人倾向于用二元论的方法解释恶的存在。以至于一些早期的基督教教父①试图用人格化的方法诠释恶,恶来自于恶天使或是魔鬼的存在。虽然这种方法的初衷是为了维护基督教一元神论的信仰基础,但这样的方式往往难以避免最终的二元对立。马克安的二元论很有可能吸收了这种二元传统的内容。事实上,除了宗教的二元神论,古典希腊哲学中灵—肉的二元对立也影响了马克安的神学观念。他摒弃肉体,认为最终只有灵魂才能得救。无怪乎格兰特(R.M.Grant)将马克安归为接近中古柏拉图主义的哲学家②。而在关于恶的问题上,马克安思想中也出现了伊壁鸠鲁的哲学元素,很有可能是受到了他的影响③。而同样来自西诺普

　　① 　比如伊格纳修和亚历山大的克莱门特。
　　② 　参见 R.M.Grant, *Gods and the One God*, Westminster Press：Philadelphia,1986。
　　③ 　参见 J.G.Gager,"*Marcion and Philosophy*",VigilaeChristianae 26,North-Holland Publishing Company,1972,pp.53-59。

地区的犬儒学派代表第欧根尼主张禁欲的道德实践,他的实践原则在400多年后被他的同乡马克安运用在自己的宗教实践之中。

马克安在形成自己的思想之后并没有如一般神哲学家那样将时间和精力用在完善自己的思想体系上,因为对他而言有一件更为紧迫的事情要做,那就是"去伪存真",确立真正的基督教圣经。他认为除保罗以外的使徒都被伪装成基督徒的犹太教信徒所蒙蔽,唯有保罗宣讲的才是真正的基督福音。为了区分犹太教信仰,马克安认为当务之急是编撰属于基督徒自己的圣经文本。马克安思想正是从新旧约的不一致出发的。因此,马克安对旧约的理解是打开他思想的钥匙。

事实上,如何解读旧约也是公元2世纪思想家们关注的焦点问题之一。尽管当时基督教已脱离犹太教正在走向世界性宗教之路,但却无法斩断与犹太教的渊源。教会意识到通过耶稣表达的上帝与旧约中描述的上帝存在诸多不同之处,为了解释这些差异,护教士们采取了各种方法。他们或者如伊格纳修一般回避释经学的问题,直接将福音看成是特别的启示,是自明的真理,或者如巴拿巴书的作者干脆认为新约与旧约的不一致完全是因为前人的误读。事实上,寓意释经法是解决这一问题最为常用的方法,并且自奥利金以后被更加广泛的使用。但是这一方法被马克安坚决否定了。

他对圣经的理解完全忠实于文本,他相信旧约中所记载的全部内容。尽管有学者认为他之所以从字面理解旧约是因为其中所描述的世界的恶和造物主的严苛与他对世界的厌恶不谋而合①。

---

① 这个观点来自于莫尔(Sebastian Moll)。

我们无法得知马克安究竟出于什么原因坚持字面释经的方法,但是他的坚持是具有时代意义的。考虑到希腊人对寓言的运用,寓意释经的方法很有可能导致相似的结果而使经典丧失其本来的权威性。而权威的前提正是唯一性,即解释只能有一种。

尽管马克安完全相信旧约中所记载的内容,但也仅此而已。旧约只是一本真实记录犹太人历史的材料。他将旧约看成是"旧瓶",无法容纳全新的福音这瓶"新酒"。教会显然不会接受马克安的"旧瓶不能装新酒"的结论。公元 2 世纪的基督教无论是从理论上还是从实践上都必须延续它的历史而不是重新创造历史。如果耶稣不是旧约所预言的弥赛亚,那么如何解释他的到来和存在就显得相当棘手。但马克安的态度却引起了教会的重视。在他之前的护教士致力于寻求旧约与新约的完满统一,比如伊格纳修和巴拿巴书的作者;而在他之后这种论调则不再占据主导。他们不再回避旧约与新约之间的差异,开始认真思考以寻找解决的办法。比如托勒密就尝试用诺斯替主义的方法进行重新诠释并且取得了一些成效。而查仕丁则在神圣启示中引入时间发展的概念,提出新—旧约的观点,并得到了教会的认可。而马克安的学生阿培勒斯更是在老师的基础上试图证明旧约中关于上帝的记载是完全错误的。

如果说马克安的神学起点是新旧约的不一致,那么在他拒绝旧约之后,保罗神学就是他的思想支柱。马克安拒绝使用寓意的方法解释旧约,相对他而言,旧约是一部真实的记载了犹太人历史的书籍,其中记载的造物主并不是新约神。他认为保罗是唯一的真正的使徒。至于其他的使徒,由于他们将律法主义混入了耶稣的教导之中因此是不正确的。

在他自己编撰的新约圣经中除了路加福音,其他全部为保罗书信。"他只承认基督这个被钉上十字架者。"①马克安追随保罗的步伐并向前更进一步。尽管保罗在书信中流露出二元论的倾向,不管是罪—恩典、律法—福音还是新约—旧约的问题上,保罗希望区别它们以显示福音之新。但他并没有迈出关键的一步,我们无法了解保罗为什么止步于此,尽管沿着他的脉络并不难得出二元论的结果,最终保罗选择用辩证的方法解释上述概念的对立,因此回归了一元论的信仰。这方法的好处显而易见,后来被巴特采用,用悖论的方式表达宗教的永恒。但问题在于采取辩证的方法永远都无法得到一个确定的或者说是稳定的解决方法,只能不断地在"是"与"否"之间寻求平衡。正如巴特自己所言:"在这条狭窄的山脊上,一个人只能不停地走。如果他企图站住不动,他就会跌向右边或者左边,反正他必得跌倒。"②巴特并不认为"辩证的终点是上帝",他更偏向否定神学,即通过说明上帝不是什么来建立人们对上帝的认识。在这一点上,马克安比巴特或者保罗都更为坚定,他宁愿选择一个明确的答案而不是一个似是而非的结

----

① 哈纳克:《论马克安:陌生上帝的福音》,朱雁冰译,北京:三联书店2007年版,第216页。正如哈纳克所言:"他唯独在他(基督)身上看见了仁慈上帝的面容,他知道自己是怀着信仰和爱与这个充满慈善和怜悯的上帝不可分割的联系在一起的,因为他知道他是通过基督得到赎罪和拯救的。留在他身后的是罪和世界,是训诫和律法。"
② 詹姆斯·C.利文斯顿:《现代基督教思想》下卷,何光沪译,赛宁校,成都:四川人民出版社1999年版,第649页。(引用卡尔巴特:《上帝之道与人之道》,纽约1957年版,第206页。)

论。对他而言,确定性是信仰的前提。遥远而陌生的神通过其子基督耶稣的降临人世而被人们所认识。因此,基督论是马克安思想的关键之一。

马克安的基督论既有幻影说的倾向又有形态论的倾向。更多的还是偏向于前者,因为他将物质看作恶的而在他的论述中又很难区分上帝和耶稣,他更愿意相信基督的肉体并非真实存在的。"马克安认为耶稣从天堂下来,开始教导并宣布一个新的国度,使人们从充满恶意的德牧革那里解脱。然而,那些忠实于德牧革的人将耶稣钉死在十字架上,却无意中帮助了耶稣打败了德牧革。因为耶稣的死正是上帝之爱将人们从德牧革的世界赎回的代价。耶稣同样拯救在地下之国的那些在有生之年没有服从德牧革而因此受律法制裁的人们。人们将从德牧革的律法的牢笼中逃脱。"[1]对于早期的思想家而言,如何解决上帝与耶稣之间的关系问题并非易事,事实上,无论是马克安还是保罗在这个问题上都没有进行深入的讨论。当然,他们都承认耶稣的死成全了人类的救赎。马克安相当看重耶稣在十字架上的受难,尽管他一方面又否定其肉体的真实性。他倾向于将耶稣的受难看作是人与造物主之间关系的写照:人正是造物主律法之下的受难者。

虽然马克安视保罗为唯一的使徒,但他的神学并非与保罗完全一致。他沿着保罗神学的进路不知不觉走到了与基督教信仰相背离的另一个方向——二元论。这也是马克安与同时代的异端思

---

[1]　K.S.Latourette, *A History of Christianity*, London: Eyre & Spottiswoode Ltd., 1955, p.127.

潮诺斯替主义的共同之处。早期的护教士常常将马克安归于诺斯替主义的一个代表,比如爱任纽、德尔图良和希坡律陀。然而,现代的一些学者开始提出反对意见,认为马克安并不是一个诺斯替主义者。查德威克(Henry Chadwick)认为"马克安……离主流诺斯替主义相当远"①。沃克(Benjamin Walker)则认为,"马克安将信仰而非灵知作为救赎的工具。他认为拯救是对所有人开放的,这其中并没有任何秘密,不管是神秘的知识还是神秘的宗教仪式。得到拯救的是'信仰者'(believers)而非获得灵知的人(knowers)或实践者(doers)。爱和仁慈将自发的从那些信仰基督耶稣的人心里涌现出来。正因为此,哈纳克等学者才没有将马克安看作是真正的诺斯替主义者,而是指出马克安信仰中的诸多基督教特质。"②当然,哈纳克对诺斯替主义的理解存在一定的局限性,毕竟他没有看到《拿戈玛第文集》(*The Nag Hammadi Library*)的内容③。

事实上,马克安与诺斯替主义的关系是本书论述的重点。当初之所以选取马克安其人作为研究对象,灵感正是来自于对二元灵知论的兴趣。诸多与诺斯替主义相关的书籍中都或多或少的提到马克安并试图将他归于诺斯替主义者。尽管在马克安的思想是否属于诺斯替派的问题上,现代西方学者仍存在诸多的争议,但他

① Henry Chadwick, *The early Church*, London: Penguin, 1967, p.38.

② Benjamin Walker, *Gnosticism: It's History And Influence*, Wellingborough: Crucible, 1983, p.144.

③ 哈纳克认为诺斯替主义是基督教的急剧希腊化的结果,而1945年出土的拿戈玛第文集则展示了诺斯替主义早于基督教而存在的证据,很可惜哈纳克在1930年就去世了,因此并没有了解相关的内容。

依旧作为一个不可缺失的典型出现在各种相关著作中。对诺斯替主义颇有研究的当代德国学者汉斯·约纳斯(Hans Jonas)认为尽管马克安有许多与诺斯替主义不相符的特征,但他仍在诺斯替派思想中占据独特的地位。①

本书通过分析比较马克安与诺斯替主义之间的异同,认为不能将马克安归为诺斯替主义者的类别之中。他的二元论思想具有独创性。

尽管马克安是一个二元论者,而二元论是诺斯替主义的主要特征之一,但他的二元论与诺斯替主义的二元论却不尽相同。例如,对于瓦伦提诺和巴西利德等传统的诺斯替主义导师而言,救赎是将神圣的火花或元气(Pneuma)从肉体的牢笼之中释放出去,"因为元气并不在它本该属于的光和灵的世界之中"。② 在死后元气将越过几个层次,每一个层次都有一个恶魔的统治者。至于究竟几个层次不同的诺斯替主义流派有不同的说法。巴西利德甚至认为一共有 365 层③。由于拥有了灵知,所以灵魂最终能穿越这些障碍最终回归到至善神那里。由于拥有了灵知,所以灵魂最

---

① "反宇宙的二元论——马克安是其坚定不移地阐释者——未知神与宇宙神像反对的观念、低级的压迫的创造主的观念以及由此产生的拯救观——依靠异在的原则从创造主的能量中解放出来——这些都是相当显著的诺斯替主义特征,以至于在这个历史环境中任何承认它们的人都应该算作是诺斯替派。"(汉斯·约纳斯:《诺斯替宗教》,张新樟译,上海:上海三联书店 2006 年版,第 128 页。)

② John Drane, "Gnosticism In The New Testament," TSF Bulletin 68 (Leicester, UCCF, Spring 1974), p.7.

③ Irenaeus, Against Heresies 1.24.3:"越来越多的王国和天使形成,最终形成 365 重天,正因为此一年才有 365 天与 365 重天相对应。"

终能穿越这些障碍最终回归到至善神那里。

马克斯基（Christoph Markschies）在《Gnosis》一书中通过类型模式，总结了诺斯替主义的八个特质①。根据这八个特质，马克安的确符合其中某些内容，但究其根本，诺斯替主义的体系是一种自上而下的流溢，然后再自下而上的回归，人类的本质早已拥有了神圣之光的种子，而基督耶稣作为神的使者揭示了这一隐藏在人类肉体之下的秘密，使人类能够重新回归至上神的领域，但人类被拯救的关键是获得灵知。而马克安并没有如此复杂的神话体系，人类与陌生上帝之间毫无关系，因此耶稣的启示至关重要，它成为了连接陌生上帝和此岸世界的人类之间唯一的桥梁。

简而言之，尽管马克安和诺斯替主义都主张二元论的思想，但前者的至善神对于人类和这个世界而言是未知而陌生的，唯有通过神主动的行为——基督耶稣的降临使人类获得启示进而才能被拯救；后者的人类本身就异于自己所处的世界，处于被囚禁的状态，遥远的神的世界才是人类真正的家园，造物主德牧革因自大而犯下错误，至上神为了弥补这个错误，通过耶稣的启示，使迷失在异乡的人们发现了自己的本质并获得了蛰伏在自己内心深处的灵知而最终得救。

马克安的神学体系并不如诺斯替主义一般富有希腊哲学的特色，思辨性并非他思想的主旋律。因此，马克安在论证的过程中会出现前后不一致或混乱的情况，但这并不影响马克安对基督教会

---

① 参见 Christopher Markschies, *Gnosis：An Introduction*, tr. John Bowden, London：T & T Clark, 2003, pp.16-17。

的历史影响,因为他的影响有别于绝大多数基督教思想家。

马克安以圣经作为自己思想的起点,在对比旧约与新约的过程中形成了自己的观念,但他并不满足于理论研究,而是渴望在现实中得到支持。在被当时的基督教会拒绝后,他义无反顾地建立了自己的教会,以至于最终他的理论变成了实践的工具。因此,在公元2世纪,他所造成的最为重大的影响并非他的神学思想而是他的教会。

马克安的教会直接与基督教会竞争,并且发展迅速。哈纳克给予了马克安相当高的评价,但在参考他的结论时,需要持有谨慎的态度。因为哈纳克对研究马克安怀有极大的热情,他投入毕生的精力搜集这位最古老异端的原始资料,并不仅仅是因为马克安的历史价值,或许更多的是因为马克安的观点恰好与哈纳克自由主义神学背景相一致,使得哈纳克对他格外倾心。

当然,不可否认的是,作为教会的创立者,马克安取得了巨大的成功。他的教会在短短数十年间就迅速扩张,其影响力已经覆盖了整个罗马帝国。一方面,与正统基督教会相比,马克安的教会在理论上更为简单一致,而当时的基督教会内部理论则相对复杂混乱,没有确定统一的理论体系;另一方面,从教会的管理机制上马克安的教会更为明确统一,容易掌控,而正统教会繁琐的体制不利于建立教会的权威。马克安的教会在一段时间内对教会的威胁迫使公元2世纪的护教士们都不得不著书反对他。但这样的情况并没有维持很久,公元3世纪左右,他的教会就开始逐渐衰落,最终失去了影响力。

因此,尽管马克安的教会对当时的基督教会产生了巨大的冲击,但持续时间却不并不久远。从对后世的影响而言,马克安编撰第一部圣经或许比他的教会所产生的影响更大。尽管对马克安个人而言,编撰圣经只是他实践信仰的手段之一。诚如奥尔森所言:"基督教圣经的观念与实现,是马克安的作品。教会后来拒绝他的作品,并在这个领域上远远超越他,但从形式的角度看来,教会完全是追随他的脚步!"①除此之外,马克安对保罗神学和基督救世神学的关注也引起了教会的注意并逐渐得到重视。

马克安思想的价值除了历史意义之外,它所具有的现代性也是不容忽略的。哈纳克认为他是公元2世纪的马丁·路德并不无道理。虽然二人在时空上相隔一千多年,而路德也接受了多年的经院神学训练,但是,最终二人仍在保罗神学处相会,并都追随保罗而选择与基督教会决裂。只是路德并没有马克安那么极端。从改革家的角度而言,或许马克安更为称职,尽管路德挑战了天主教权威,但他的态度仍然保守,这也导致了他的改革后期遇到了许多的困境。然而,无论是马克安还是路德,将其称之为改革家并不过分,虽然结果是一个被视为异端,另一个取得了成功。

在路德之后,另一个与马克安有着相似之处的神学大师卡尔巴特也是必须提到的人物。作为20世纪基督教最有影响力的新教思想家,其思想竟然也不禁让人联想到马克安,就连巴特本人都不得不专门声明他与马克安的不同,确实令人诧异。巴特是新正统主义的创始人,第一次世界大战的炮火改变了他原本的自由主

① 奥尔森:《基督教神学思想史》,吴瑞诚、徐成德译,北京:北京大学出版社2008年版,第128页。

义神学观,他开始进行神学反思,最终也认为应当回到基督教的起点才得以找到信仰本来的面目。为了与日益膨胀的人类理性抗衡,巴特主张若是没有上帝的启示,人类是无法凭着理性认知上帝的。这与马克安陌生上帝的理念相当接近,只是巴特永远不会得出二元神论的结论。

谈到了巴特,存在主义也就近在眼前。存在主义神学与马克安有着相近的人类学基础。存在主义神学认为人类的生活状态处于一种空虚缥缈的境地,无法在自己生活的世界中找到自己的目的。"非存在"对人类的威胁使人们时刻处于恐惧之中,自身的有限性和生存的无目的性使得人们变得绝望。而对马克安而言,人类也是在绝望中生存。因为造物主制定了一个人们永远无法完成的律法规则,而又因此不断惩罚人类。更令人绝望的是,这种状态无法改变,因为人类完全属于造物主。马克安同时代的思想家很少如他一般持有这种悲观的态度,尽管马克安并没有存在主义思考的那般深刻,但至少他的一些思考的确超越了自己所处的时代。在 21 世纪初叶,回顾一个历史悠久的宗教的发展之路,站在它的起点,与一个相隔 1800 多年的历史人物隔空相望,他的思想能够穿越时空在现代思潮中找到些许回应,便足以证明其价值。作为一个不被大家所熟知的基督教思想家,马克安的思想之光尽管微弱却生而不息,我们应当尊重并且发扬。这也是本书写作的初衷。

第一章 马克安哲学思想溯源

公元 4 世纪之前,基督教都在一条不确定的道路上行走。无论是经典文本还是基础教义以及建立在此之上的神学系统,都缺乏统一的权威,传教士们按照自己的理解诠释基督教,基督教要义也因此因人而异。基督教神学思想在耶稣去世后的这三百多年间可谓是百家争鸣。尽管思想的多样性不利于基督教发展的稳定:任何人都可以否定某种思想而树立另一种完全相反的理论;纯粹的信仰会逐渐演变成哲学的思辨;教会的地位受到了威胁。不断出现的纷争甚至惊动了罗马皇帝,最终在尼西亚会议上以信经的形式确定了最早的基督教教义。尽管教会此举成功地扭转了基督教当时可能面临的四分五裂的局面,为基督教后来的发展奠定了相对稳固的基础①。但无法否认的是,这段时期是整个基督教思想史上最为自由的时期。诸子百家,在耶稣和他的使徒们所创造

---

① 即便如此,由于各种原因,最终教会仍无法摆脱分裂的结果,但彼时教会已有强大的力量足以对抗分裂后可能出现的问题。而对早期教会而言,一旦分裂,基督教可能就不复存在。因此,建立统一的基础是基督教生存的必要条件。

的历史舞台之上,各显其能,大放异彩。尽管他们中有人最终没有得到正统教会的认可,有人的论证方法不够缜密存在矛盾,但他们所思考的问题以及思考的方式都成为了具有宝贵价值的遗产。

本书所探讨的主角——马克安正是这一时期活跃在历史舞台之上的诸子之一,并且是其中最为特别的一个。他可谓是基督教历史上最古老的异端,使教会开创了打击异端的先河,成为第一个真正意义上被驱逐出教会的异端分子①。在最初的二百年,教会对持不同神学意见的基督徒具有相当的容忍度,因为他们急需壮大自己的队伍,所以几乎没有人或者团体被排除在教会之外。马克安究竟给教会造成了怎样的威胁,最终使教会无法忍受而将其驱逐? 他的思想究竟有多么不同寻常,而这样的思想又是如何形成的? 让我们从他的登场开始,首先了解这个人和他所处的环境,然后再来探讨他的思想脉络。

第一节　本都的二元论传统

公元 100—110 年左右,马克安出生于本都地区,具体出生地很可能是该地区的港口城市西诺普②。本都(Pontus),位于黑海

---

① Sebastian Moll, *The Arch-heretic Marcion*, Mohr Siebeck, Tubingen, 2010, p.46:"毋庸置疑马克安是历史上第一个异端分子,一方面他是第一个被教会真正驱逐的基督徒,另一方面他熟悉正统教义而又选择背离它成为了后来异端分子的典型。"

② 哈纳克认为,公元 85 年左右,马克安诞生于本都地区的港口城市西诺普(Sinope),这是大多数学者接受哈纳克的说法。但莫尔并不赞同,他认为马克安出生时间应该不早于公元 100 年。

南岸,现土耳其东北部,是一个古老的希腊殖民地,最早的居民来自于伊朗和巴比伦的闪米特人。自三次米特拉达梯战争后,公元64年,本都成为了罗马帝国领土的一部分。本都是小亚细亚地区基督教传播最为广泛的区域之一,当地的居民可以称得上是最早的基督教信徒,新约中就曾三次提到本都①。马克安自幼生长在该地区,在此接受教育,他宗教信仰的形成以及后来观念的改变都发生在这片土地,在到罗马(公元 144—145 年左右)之前,他的思想已然成型。本都地区的文化环境尤其是早期基督教的氛围是相当独特的,这种特殊的文化形态影响了马克安的神学探索。

本都地区的原始居民是闪米特人,他们的宗教传统——伊朗—巴比伦体系一直占据着当时信仰的主导地位,而在亚历山大的迅速扩张之下,希腊文明也随之渗入,本都很早就完成了希腊化的进程,希腊哲学和神话开始影响当地人的宗教信仰。然而,随着亚历山大的英年早逝,马其顿帝国分化瓦解,米特达拉梯一世于公元前281年建立了本都王国,他自称是波斯阿契美尼德王朝大流士一世的后裔,试图重新与波斯人建立联系,共同抵御塞琉古。于是,从公元前 4 世纪开始,小亚细亚半岛上的这个在波斯人统治下的希腊化国家,以其独有的融合特质,兼容了东西方文化,一方面采用东方君王体制,另一方面施行希腊法律,既信仰伊朗—巴比伦宗教,又信仰希腊诸神。文化的杂糅虽然使本都王国缺乏归属感,

---

① 使徒行传 2:9 提到五旬节的聚众中有本都人;使徒行传 18:2 提到一对来自本都的犹太人夫妇皈依了基督教;彼得前书 1:1 彼得在信中称本都等地的人为被拣选的。

最终在几次与罗马的战争①中灭亡。但对生活在本都地区的居民而言,他们的希腊化进程中或多或少都包含了东方文明的特质。其中最明显的特质之一就是二元对立的宗教观。

马克安的出生地西诺普,作为本都地区较大的港口城市,是地中海沿岸往来贸易的口岸之一,北起克里米亚(Crimea),南至叙利亚—巴勒斯坦地区。由于地理位置的便利,海上贸易的发展吸引了各地往来的商人,更是促进了各种不同的宗教文化的交流。就当时的西诺普人而言,他们的宗教生活是多元化的,除了崇拜当时流行的希腊神祇(Theion, Ananke 和 Sol Invictus),他们还崇拜波斯的密特拉(Mithra),琐罗亚斯德教的阿胡拉马自达和犹太教的雅威。马克安对旧约的字面解释、他关于高位神和次位神的理论以及他的异端学说等都受到了这种氛围的影响。在这些多元化的宗教信仰中,伊朗和巴比伦人神话传统中的二元论特质在这种宗教混合主义中尤为突出。

伴随着犹太人的大流散,本都这片由波斯的闪族人统治的地区聚集了许多从巴比伦流散的犹太人。恰如亨格尔(Hengel)所言:"从公元前3世纪中叶开始,犹太教从严格意义上来说应该被视为希腊化的犹太教,进一步可以区分为西部流散犹太人的说希腊语的犹太教和巴勒斯坦巴比伦说阿拉伯或希伯来语的犹太教。"②本都地区的犹太人则一方面受到了希腊哲学的影响,尤

---

① 公元前 89—65 年,经历了三次米特拉达梯战争后,本都王国最终被打败,成为了罗马帝国的一部分。

② Martin Hengel, Judaism and Hellenism: Studies in Their Encounter in Palestine During the Early Hellenistie Period, SCM Press, 2012. p.101; cf.311.

其是柏拉图的二元论;一方面又受到了伊朗—巴比伦宗教体系中二元神论的影响,在马克安出生前三百年左右,阿契美尼斯(Achaemenian)王朝统治时期,散居在安纳托利亚(Anatolia)和叙利亚北部的犹太人引入了密特拉教,使得这里的犹太教传统充满了二元色彩,不仅是灵魂与肉体的二元对立,甚至在某种程度上还有造物主与至上神的对立。这种犹太教的思想特质深刻地影响了本都地区的基督教徒,不仅直接影响了当地基督教教义的建立,也影响了马克安二元论思想的形成。

根据马克安对旧约文本以及犹太教的诠释的熟悉程度,他很有可能来自于犹太家庭,后来才皈依基督教。① 因此,归根溯源,伊朗—巴比伦宗教二元神论和希腊哲学二元论共同奠定了马克安宗教思想的基石。在伊朗的诸宗教中,密特拉宗教和琐罗亚斯德教是与犹太教/基督教联系最为紧密的宗教了。事实上,除了二元论思想,马克安在宗教实践层面也与密特拉宗教有着密切联系。

第二节 伊朗—巴比伦二元论传统

作为人类最古老的文明发源地之一,美索不达米亚平原上孕育了诸多的人类早期文明形态。从苏美尔人开始,文明的种子在这片土壤上生根发芽,到集大成者古巴比伦文明,在亚述帝国时期

---

① 哈纳克:《论马克安:陌生上帝的福音》,朱雁冰译,北京:三联书店2007年版,第31—32页。

不断扩张,传遍亚、非两洲。随着新巴比伦王征服耶路撒冷,犹太人被迫离开迦南,流散到巴比伦,希伯来文明与美索不达米亚文明这两个古老的文明碰撞交融,相互影响。其中,密特拉宗教和琐罗亚斯德教对犹太人的影响最为深远,使他们在解释这个世界的来源、善与恶的对立以及灵魂与肉体的关系等问题时,或多或少会借用多神论中的二元对立的观念。这种理念自然而然的被早期基督教思想家继承,在马克安的思想中也随处可见,不同的是他最终将灵魂与肉体的对立上升到了人与这个世界的格格不入,最终区别了造物主与至上神,使上帝变成了异乡的神。

一、密特拉宗教的影响

在印度—伊朗的宗教传统中,密特拉是一个非常古老的雅利安神祇,是上古印欧人的原始信仰。现存最早的关于密特拉的记载可以追溯至公元前 14 世纪的赫梯语铭文①。随着印度—伊朗体系的分化,密特拉的特质也开始发生变化,演变成《阿维斯陀》中的密特拉和《吠陀》中的密多罗。而伊朗的宗教传统中更多地保留了密特拉神原初的特质。从公元前 7 世纪开始,亚欧大陆上帝国之间的争霸不断,密特拉宗教沿着"伊朗—小亚细亚—罗马"的路径不断发展变化。从印度教、琐罗亚斯德教到摩尼教,都包含着密特拉信仰。随着希腊文化的强势入侵,在希腊化时代,密特拉

---

① 该铭文是赫梯与米坦尼两国签订的和约,位于今土耳其境内凡湖东南方。铭文提到密特拉(以 mi-it-ra 的形式出现)是米坦尼的主神。

信仰结合了伊朗和希腊文化形成了独特的密特拉教,密特拉等同于希腊神话中的太阳神赫利俄斯(Helios)。

公元1世纪开始,密特拉教在罗马迅速兴起,并一度在罗马军队中盛行。他们用运动员的训练方式锻炼自己,塑造健康美好的形体,力量与勇气是他们追求的美德。他们认为这是在形象上分有神的生命。密特拉教在罗马帝国境内的快速传播对当时刚诞生的基督教有着重要的影响。"密特拉教和基督教在很多方面是姐妹宗教。它们同时诞生,在同一地理区域传播。二者对同样的文明力量采取了不同的回应"①(罗马文明)。

密特拉教非常重视道德规范,它的信条是密特拉的勇士将在最终的战斗中响应神的号召,因为只有那些遵守规范的人才能在最后获得光明。因此密特拉教中对黑暗力量的攻击比其他神秘主义要更激进。由于密特拉的战士们时刻准备好为了他们的神取得光明的胜利,因此,他们的苦修是实践性的而非仪式性的,他们具有极强的自我否定精神并严格恪守道德准则,这是他们自我训练的必然结果。

布特曼(Bultmann)认为,密特拉教的苦行有别于希腊世界的传统②,但这仅仅意味着这个宗教崇拜所吸引的对象是那些非哲学思维的人,而不能说明密特拉教在宗教或伦理层面无法被希腊世界的人们所接受。这里主要指出在马克安时代小亚细亚和本都地区密特拉教的重要性。公元1世纪末期,密特拉教和犹太教以及希腊的诸神崇拜一起在西诺普地区基督教形成过程中产生了决

---

① David Ulansey, *The Origins of the mithraic mysteries*, New York, University Press, 1989, p.4.

② Bultmann, *Primitive Christianity*, New York, 1956, p.157.

定性的影响。因此,在西诺普长大的基督徒马克安很有可能熟悉密特拉教的内容,并接受了其中部分的教义。

密特拉教的宇宙观是具有二元论特质的,但并不清晰明确,其中仍然包含多神信仰的元素,比如按照等级区分七重宇宙:地狱的七重门以及宇宙的七重天。随着伊朗宗教的发展,锁罗亚斯德改变了伊朗多神信仰传统,引入了二元神的概念,善神是阿胡拉·马兹达与恶神安格拉·曼纽之间进行着漫长的斗争,而世界与人正是在斗争的过程中由阿胡拉创造的。最终,善战胜了恶,光明战胜了黑暗。在锁罗亚斯德教中,除了阿胡拉,其他的神祇都变成了天使。在宗教发展过程中,密特拉的地位明显降低,它变成了阿胡拉在人间的代表,保卫真理和正义。如果说密特拉信仰具有二元宗教的元素,那么琐罗亚斯德教则将这种元素变成了信仰的核心要素。

二、琐罗亚斯德教①的影响

琐罗亚斯德教起源于公元前 600 年左右的波斯。随着居鲁士

---

① 琐罗亚斯德教(Zoroastrianism)基督教诞生之前中东和西亚最具影响力的宗教,古代波斯帝国的国教。曾被伊斯兰教徒贬称为"拜火教",在中国称为"祆教"。此教的创始人是琐罗亚斯德(又译查拉图斯特拉,前 628—前 551 年),出身于米底王国的一个贵族骑士家庭,20 岁时弃家隐居,30 岁时声称受到神的启示,改革传统的多神教,创立新的宗教,但受到传统教祭司的迫害。直到 42 岁时,阿契美尼德帝国的宰相娶他女儿为妻,将他引见国王,琐罗亚斯德教才在波斯迅速传播,77 岁时他在一次战争中,在神庙中被杀身亡。另有说法谓琐罗亚斯德的生存年代要更早,琐罗亚斯德教也非他首创,他只是一个集大成者。

大帝推翻了新巴比伦王国,散居在巴比伦的犹太人得以回到耶路撒冷,但也从此归于波斯人的统治之下。从大流士一世开始,琐罗亚斯德教就成为了波斯官方宗教,也影响了当时的犹太教。

琐罗亚斯德教教义中包含两个对立的神:一个代表光明的善神阿胡拉·马兹达(Mazda),一个代表黑暗的恶神安格拉·曼纽①(AngraManiyu)。马兹达创造了世界的一切有形与无形:"啊,马兹达! 是你最初把灵魂创造,恩赐智慧,且把活气出入人的躯壳:啊,天启煌煌! 众民可自由选择宗教。"②安格拉则是现实世界的创造者,是现实世界恶的来源。二神对立并存,互相斗争。最终,善战胜了恶,良善之人拥有美好的归宿。琐罗亚斯德教在区分了现实世界的善恶之后,形成了独具特色的末世理论。"早期琐罗亚斯德教认为,世界的历史分为三个时:第一个时是原初的善恶分离,即代表善的斯朋塔·曼纽和代表恶的安格拉·曼纽的诞生;第二个时为当今之世,善恶混杂于一起,即善灵与恶灵的对抗、斗争,人们只有信仰了善灵阿胡拉·马兹达,才能选择善的世界;第三个时指将来,那时只有善,不再有恶。"③在末日审判之后,行善者将永享世间之福,行恶者将堕入地狱受永恒之苦。

根据《阿维斯陀》的记载,黑暗之神安格拉·曼纽是一个拥有翅膀的形象,这与犹太教中撒旦的形象相似。尽管圣经中并没有

---

① 琐罗亚斯德教、拜火教称黑暗之神为安格拉曼纽,而在祆教中称其为阿里曼(Ahriman)。

② 《阿维斯陀》第 III 部分《伽泰》30:3,张鸿年选编:《波斯古代诗选》,元文琪译,北京:人民文学出版社 1995 年版,第 3 页。

③ 普慧:《琐罗亚斯德教及其救世主:琐什扬斯》,《世界宗教文化》2016 年第 6 期。

描述撒旦的形象,但犹太神话中的撒旦拥有十二对翅膀,以山羊的形式出现,为所有的疾病和死亡负责。① 安格拉曼纽由于嫉妒马自达,企图袭击天堂。这个神话也被犹太人用来解释犹太神话中天堂的几次叛乱。无论是善恶对立的世界观,还是末世论和救世说,都和《旧约》中所提到的犹太教教义有相似之处。在《撒迦利亚书》中描述了末日审判时,弥赛亚降临,带领犹太人建立公义的国。

瑣罗亚斯德教一度在巴比伦的犹太人中间传播,使犹太人开始改变唯一实体的观念,认为应该有一个独立的存在为灾难负责。"很多犹太人接受了二元世界观,认为人类世界的问题来自于和神圣意志对抗的超自然力量的阴谋。这个观点在以色列流放至巴比伦时期渗透至犹太人的思想之中。"②同时,犹太人开始猜测那些带来灾难的天使从何而来,他们认为那些天使应该与上帝毫无关系。这种猜测严重影响了犹太教一神信仰的根基,因此,以赛亚书警告他们不要接受巴比伦人的观念③,而是相信他们的神,以色列人的神是唯一的雅威(YHWH),是万物的终极起源,无论是正面的还是负面的事物。最终经过调和,他们得出结论:那被认为是恶魔的,不过是神的属性中与善决裂的具有破坏性的一面。这个结论帮助一神信仰的犹太人既相信只有一位神的存在,同时又容纳了波斯人善—恶神的二元神论思想。

---

① E. Urbach, *The Sages : Their Concepts And Beliefs*, Jerusalem : Magnes Press, 1975, Vol.1 pp.471-483.

② H.C.Kee, *Medicine, Miracle and Magic* Cambridge : C.U.P., 1986, p.70.

③ 以赛亚书, 45:5-8。

正是这一时期,犹太人倾心于罪天使的概念,即使这个概念在旧约中并没有出现。因为他们不愿意放弃一神论的信仰,所以他们建立了非常有力量的罪天使的概念来代替恶神。尤其在犹太教的著作中经常以人格化的形式描述恶,以此将恶和罪当作独立的存在。就现实而言犹太人此举很容易理解,他们当时的处境并不乐观,作为被驱逐的外来人口,为了生存他们非常需要缩小与周围巴比伦宗教信仰之间的差距。

这种方法影响了早期基督徒,他们也采取同样的方式诠释恶。新约和旧约一样将恶和罪拟人化。早期基督教的教父们也采取类似的方法描述恶和堕落天使的形象。公元 1 世纪末,罗马的克莱门特(Clement of Rome)在写给哥林多人的书信中提到,撒旦是一个引诱人犯罪的人格存在(Clement 51:1)。与他同时代的伊格纳修(Ignatius)在其著作中也写道,天堂中既有善的天使又有恶的天使,而恶的那些跟随着一个被称为魔鬼的存在。(Trallians 5:2;Smyrneans 6:1;Ephesians 13:1)由于基督教发展初期遭到反对和迫害,异教徒、异端分子以及犹太人等都被视为撒旦的追随者。而波利卡普(Polycarp)在写给腓利比人的信中进一步发展了这个观念,他认为那些与他看法不一致的人也是与魔鬼站在一起的。

教父们为了避免引入新的神形成二神对立的局面,恶常常是以人格化的魔鬼形式存在,但沿着他们的思考方式却很容易走向二元论的结局。而古典希腊哲学中灵魂与肉体的对立更是为二元神论的概念提供了坚实的理论基础。

第三节 希腊哲学的影响

公元前 300 多年,亚历山大的马其顿大军横扫欧亚非大陆和两河流域,武力征服的同时也将希腊文明带入了世界各地——东至印度西北部,西抵意大利,北从黑海、里海,南达印度洋。随着亚历山大的逝去,马其顿帝国的分裂和衰落使得希腊在政治上失去了话语权,但希腊文化并没有因此销声匿迹,它潜移默化地进入了帝国的每一个角落,并在与地域文化不断发生碰撞和交融后逐渐占据统治地位,这正是希腊化形成的时期。连年的战乱打破了希腊人安稳自由的生活状态,"在这样的状况下,一种自由而纯粹的科学的世界观的要求和力量自然就会消失;而实际问题就会涌现出来,哲学就会发现自己的主要价值是为逃避人生的苦难提供一个避难所"①。

于是,作为希腊文化核心内容的希腊哲学开始了第一次转型,对宇宙本原的思考不再仅仅是出于哲学家们对自然和天体的好奇和探索,哲学家思辨的重点从自然科学转向为社会道德,关注的对象从外部世界内在化为人类心灵,他们开始建立从心灵出发的本体论哲学来解释善恶等伦理问题。自然科学开始逐步独立于哲学而存在。除了柏拉图和亚里士多德的影响之外,哲学家们开始回

---

① 爱德华·策勒尔:《古希腊哲学史纲》,上海:上海人民出版社 2007 年版,第 219 页。

到古典希腊哲学之前的智者们那里寻找形而上学的基础。不论是米利都学派的一元本体论还是毕达哥拉斯的二元宇宙观,都在希腊化时期被赋予了新的内涵。因此,在古典希腊哲学的基础之上形成了诸多新的流派,其中包括犬儒学派、斯多葛学派、怀疑主义、伊壁鸠鲁学派和新柏拉图主义等。

西诺普地区的哲学土壤似乎并没有直接孕育出马克安思想的果实。他不像同时代的其他思想家,很难追溯他思想的轨迹,也没有任何证据表明他与某个哲学学派有密切联系。当然,教父们一直在试图将马克安与某种哲学思潮联系起来。克莱门特(Clement)和格兰特(R.M.Grant)认为,他的思想起源于柏拉图(Plato),尤其是灵肉的二元对立和区分二元神的观念,而马克安主义者后来采用了柏拉图关于恶的概念;希坡律陀(Hippolytus)则将他与恩培多克勒(Empedocles)和犬儒主义(Cynics)联系起来;而马克安本人在论述上帝的善和全能与恶的存在是不可调和时,和伊壁鸠鲁的思想非常的相似。这种相似性使得嘉格(John Gager)认为马克安受到了伊壁鸠鲁哲学的影响,证据来源于德尔图良。德尔图良一度认为马克安是伊壁鸠鲁(Epicurus)的追随者。

一、柏拉图

蒂利希(Paul Tillich)认为柏拉图的哲学在四个方面为基督教神学提供了理论的依据。首先是超验的观念。事物的本质是理念,而理念的最高形式是一,是一切存在的根基所在。其次是人的生存目的。人的本质驱使人们尽可能地参与到精神世界而非物质世界中,因为柏拉图对物质和肉体是持否定态度的。这也是第三个方面,即灵魂与肉体的对立。灵魂是高尚的,被肉体所束缚,通过内在对本质世界的追求,灵魂才能逐步提升最终摆脱肉体。最后是柏拉图在晚期著作《蒂迈欧篇(Timaeus)》提到的"天意"(providence)的概念。以一种必然性的态度克服人们对命运与死亡的焦虑。[1]

　　柏拉图的这几个概念都在基督教神学中有所体现,上帝就是最高本质,人的生存目的是尽可能地参与到上帝的世界之中,而神的"天意"是让人们在肉体死亡后进入永恒的天堂。灵魂与肉体的二元对立则不如其他三个概念那么容易对号入座,但正统教会仍然使用了其中一些概念,比如灵魂的升华,他们只是忽略对肉体的否定。对这个概念更为直接的运用应该是以诺斯替主义(Gnosticism)为代表的基督教神秘主义,它被认为是基督教希腊化的一种极端形式,试图用柏拉图式的二元本体论来阐释基督教教义。

　　事实上,马克安也是这种二元论的支持者,他因此曾被认为是一个柏拉图主义者[2],也被贴上了诺斯替主义的标签。然而,柏拉图主义也许在理论上给予了马克安灵感,但他是否是一位诺斯替主义者却是值得商榷的,后面将具体比较马克安与诺斯替主义的

---

[1]　参见蒂利希:《基督教思想史——从其犹太和希腊发端到存在主义》,尹大贻译,北京:东方出版社 2008 年版,第 13—14 页。

[2]　亚历山大的克莱门特(Clement of Alexandria)认为马克安是一个混乱的柏拉图主义者。

异同。与柏拉图相比,第欧根尼和伊壁鸠鲁则更多地在实践层面影响了他们的后辈。

二、第欧根尼

西诺普的哲学环境在很长时间之内都与一个人的名字紧密相连——第欧根尼,他于公元前 404 年左右出生于西诺普,是马克安的同乡,与安提西尼(Antisthenes)和克拉特斯(Crates of Thebes)一起创建了犬儒学派。第欧根尼宣扬的哲学是苏格拉底哲学的变形,他批判财富、婚姻、私有财产以及柏拉图哲学,并认为音乐、地理、天文等学科都是无用和没有必要的,社会中所有人为的发展都与幸福无关,真正的道德应当回归到自然的简朴之中。正如他自己所言:"人类将上帝给予的每一个简单的礼物都复杂化了。"①

犬儒学派的理论与实践是密不可分的,第欧根尼认为道德只有在行动中才得以体现,而不仅仅只是理论的分析。他身体力行的教导他的弟子们。因此,在许多零散的经典资料中都能够发现关于他的轶事。其中最著名的应该是他与亚历山大大帝的对话。当亚历山大问他需要什么并承诺兑现他的愿望时,他答道:"请你不要遮挡了我的阳光。"他强调回归自然的自我满足,是禁欲主义的代表。马克安在道德实践上也强调摒弃肉体的放纵,如德尔图良所言:"犬儒学派的第欧根尼在大中午提着灯笼试图找到一个

---

① Laertius & Hicks 1925,Ⅵ:44.

诚实的人,而马克安浇灭了自己的信仰之光,失去了曾经找到的上帝。"①

三、伊壁鸠鲁

相较于哲学家的身份而言,伊壁鸠鲁更应该称之为实践家。他的哲学服务于实在问题。他认为感知觉是检验真理的标准,他用一种机械论的方式解释世界。世界中的人们只需要关注自己的感受。"他排除一切超自然影响对世界进程的干预,因为这种干预会剥夺人内心的安宁,使人一直处于对那些神秘莫测的力量的恐惧之中。"②虽然伊壁鸠鲁的哲学充满了经验论和唯物论的基调,但他却并不否认神的存在。但他的神与世界的创造和宇宙的秩序都毫无联系,因为神无法解决罪恶的问题。无论是缺乏主观意愿还是客观能力不足,都不应该是神应有的属性。因此,伊壁鸠鲁的神不同于一般的宗教设定。他假定神是以人的形式而存在的,他们住在世界的缝隙中,不因世俗而堕落,过着幸福而不朽的生活。换言之,神更像人们此生的榜样而非彼岸的寄托与希望。

伊壁鸠鲁是否定任何形式的宗教信仰的,但他所提出的罪恶问题却成为了后来宗教伦理研究的重要对象,莱布尼兹甚至专门用神义论来系统的解释上帝的全善与世界的恶之间并不矛盾。而在伊壁鸠鲁之后 400 年左右的西诺普人马克安似乎也受到了他的

---

① AM 1,1.6.

② 爱德华·策勒尔:《古希腊哲学史纲》,上海:上海人民出版社 2007年版,第 248 页。

思想的影响。

　　如果上帝是善的并能够知晓未来和阻止罪恶,为什么他允许按照他的形象创造的人——甚至是用他的最初的灵魂而创造的——会被魔鬼欺骗并因此违背律法而堕落至死亡的深渊。因为如果他是善的就不会愿意这样的事情发生,如果他是知晓未来的就不会忽略这事情将要发生,而如果他是有能力的并且足够强大避免这件事情发生,那么考虑到这么多前提,(堕落)这件事情本不该发生。但是它确实发生了,只能说明前提的对立面才是真的。即上帝要么不是善的要么无法预见未来或者缺乏力量。如果上帝具有善、对未来的预见性和有能力的三个属性中的任一个,堕落的事件都不会发生。如此看来上帝并不具备这三个属性的任何一个。①

　　类似的论证出现在 Lactantius 关于伊壁鸠鲁的记载之中。"上帝,要么想要去除恶但却不能,要么能够去除却不想,或者他既想也能。如果他想而不能,他就是虚弱的,二者并不符合上帝的特性。如果他能却不想,他就是不怀好意的,这同样不适用于上帝的属性。如果他既不能也不想,他就是既虚弱又不怀好意更不符合其特性。如果他既想也能,仅有如此才是上帝本该具有的属性,那么恶又是从何产生? 为什么他不消除恶呢?"②

---

① Tertullian,Adv.Marc.2.5,1-2.
② De ira dei 13,20-21.Fr.374 in H.Usener,Epicurea,1887,252f.

而在塞克斯都·恩皮里柯(SextusEmpiricus)的《怀疑论纲要》一书中记载了伊壁鸠鲁同样关于上帝预见性的证明。"他们(教义学者们)说任何事物都充满恶。因此不能说上帝可以预见任何事。如果他能够预见一些事情,为什么他不能预见其他的?上帝要么既想也能预见所有的一切,要么他想而不能,或是能而不想,抑或是他既不想也不能。如果他既想又能,他就能预见一切。但如前所言,他并没有预见一切。如果他想却不能,他就比那些他所不能预见的事情的原因更软弱。如果他能够预见一切却不想,他则被认为是恶毒的。如果他既不能也不想,他就既是软弱的也是恶毒的——这样描述上帝是极不虔敬的。因此,上帝不能预见这个世界的事情。"①

比较以上三段分别来自于伊壁鸠鲁和马克安的论证,不论是在结构上还是细节上都具有明显的相似性:考虑到世界上恶的存在以及上帝被设定的属性(善、力量以及对未来的预见性),恶的存在证明了上帝为世界负责的逻辑上的不可能性。马克安仅仅在伊壁鸠鲁的论证之上更为具体地指出恶的形式是人们违背律法的堕落并最终失去了不朽性。当然,虽然二者提出了相似的论证,但由此而得到的最终结论却完全不同。马克安于是假定了另一个神的存在,它与这个世界毫无关系却派来基督耶稣作为拯救人们脱离这个世界和其创造者的救世主,而伊壁鸠鲁的诸神仅仅在他们作为人们行为典范的立场上具有救赎者的意义。

虽然许多现代学者在谈到马克安思想时很少将其纳入哲学范

---

① Epicurus, *Outlines of Pyrrhonism*, 3, 9–11.

畴,但从上述比较中能够清楚地看到马克安思想中的哲学印记。这也是基督教早期"急性希腊化"的结果。从基督教的现实处境来看,为了在希腊化的罗马帝国传播,它必须借鉴犹太人的做法①,用希腊哲学来阐释基督福音。保罗就常常运用柏拉图和斯多葛学派的哲学语言来传播基督教,在这一点上,马克安也是保罗的忠实追随者。

---

① 以亚历山大的斐洛(Philo)为代表,他是希腊化时期重要的犹太思想家,他将希伯来文明和希腊哲学结合起来,认为各种哲学之间有共同的理论基础,即从上帝那里获得的真理,以此说明犹太教是一种世界性宗教。

第二章 《旧约》对马克安哲学的影响

　　博吉特(Burkitt)在他的《教会和灵知》一书中提道："公元 2 世纪真正的斗争是以旧约为核心的。"①事实上这也强调了无论我们如何看待当时的宗教,无论认为它是基于哲学或是神话或是历史的,关键都离不开旧约。公元 2 世纪,旧约文本是犹太教与基督教冲突的决定性因素之一,同时也是基督教能否成功地被受教育的异教徒接受的主要障碍之一。虽然旧约并非是一本记载神话的书籍也不是哲学的著作,更不是自成体系的神学作品,但是对旧约的解读直接影响了新约的形成。

　　尽管马克安时代的基督教还在建立初期,但当时的本都地区已经存在独立的基督教团体,并有自己的组织架构,只是缺乏权威机构和权威经典。当时,许多文本被当作新约内容和旧约一起作为基督徒们的圣经。在马克安年轻时流行的新约解读方法是找到新约与旧约之间的一致和承接关系,以此来证明新约的神圣合法

---

　　①　F. C. Burkitt, *Church and Gnosis*, Cambridge University Press, 2012, p.129.

性。马克安之前的许多基督教思想家们都持此态度,例如安提阿的伊格纳修(Ignatius of Antioch)和巴拿巴书的作者,后者比前者更为明确,他代表了当时基督徒们不惜一切代价试图将旧约"基督教化"的潮流。毫无疑问,马克安相当熟悉这些文本以及在这个同质化过程中所显露的问题。很可能正是这种经历促使马克安希望用自己的办法解决那些问题。在寻找办法的过程中马克安表现出了对这个世界无比的厌恶。尽管无法获知马克安这种憎恶感从何而生,但他的确深受折磨因此需要对这个恶的世界做出合理的解释,即究竟是谁应该为这个充满恶的世界负责。于是,旧约中的神成为造成世界现状的责任人,它是世界的创造者,而在它所有的创造物中,尤其需要为不完满的人类负责。人的不完满性不是由于人自身的堕落而是因为被创造伊始就存在缺陷。人本正义成为了马克安人类学的基调。尽管众所周知人类是律法的违背者,但却并不能因此归咎于人类,而是造物主的责任,因为它本可以将人创造得更强大更具有抵抗力。由此可以延伸出旧约神的另外两个特质:它既是律法制定者也是审判者。显然,马克安对此也不以为然。他认为,旧约神审判那些违背它自己制定的律法的人类是一种任意而暴虐的行为,因为人类违背律法的根本原因在于自身本质的缺陷,而这本质却是由那位制定律法的旧约神创造的。由此可见,旧约神事实上在和它的受造物进行一场非常残酷的游戏,它限定了参与游戏者的能力却又制定了高于他们能力的游戏规则,而参与者一旦违背了游戏规则将受到严厉的惩罚。在这场游戏中,人类从一开始就注定了悲剧的结局。

马克安思想的圣经背景始于对旧约中所描述的神的不满。根据旧约的记载,这个神是犹太人的神,由于对旧约神所持的否定态度,马克安常常因此被指责思想中充斥着反对犹太人的情绪。然而,进一步审视马克安的理论不难发现事实恰恰相反。因为马克安人本正义的观点使得他在此为犹太人辩护,并非是犹太人选择这个邪恶的神作为他们的信仰,而是这个神选择了犹太人作为自己的子民。马克安还指出,犹太人心中对他们的神所持的感情更多的是恐惧和不信任,而不是爱和敬畏。

马克安思想的中心除了对这个世界的厌恶和对旧约神的否定态度之外,还包含了另外一部分:对保罗和福音的信仰。值得一提的是,尽管马克安否定旧约神,但他完全接受了正统教会所使用的旧约文本,没有做任何的修改。然而,在新约的认定中他却存有疑问,他认为基督耶稣最初的福音已经在传播的过程中被篡改,教会使用的新约是掺杂了假福音的文本。马克安在保罗的书信中找到了证词:"因为有偷着进来的假兄弟,私下窥视我们在基督耶稣里的自由,要叫我们作奴仆。"①为了消除这种可能存在的阴谋,马克安开始编撰圣经,这是基督教历史上第一部权威的经典文本。尽管在他之前有一些教父已经在朝这个方向努力,但他是第一个确定圣经内容并坚决摒除其他文本的人。路加福音和十封保罗书信构成了马克安版本的圣经全部内容,他不仅仅将文本限定在一个很小的范围之内,而且按照自己的理解删掉了所有与旧约正面相关的篇幅。

马克安的圣经在他的神学体系中处于一种吊诡的二元辩证关

---

① 加拉太书,2:4。

系之中:他的文本既是他理论的来源同时又是其结果。这种互为因果的关系使得我们很难将他的圣经解读从他的神学体系中抽离出来单独对待。为了更有条理地梳理马克安的神学,首先需要尽可能通过马克安从圣经文本中汲取的相关教义理念作为他神学的来源,在这样的因果关系基础上分析马克安的释经方法以及他所诠释的内容和评价。

对本书的主角而言,旧约以纯粹反面的形式构成了他整个哲学的基础。正是由于旧约在马克安思想中的重要性,本章首先需要明确在马克安之前的基督教教父对旧约的评价和那些可能影响他的教父的态度,在此基础上才能具体分析马克安是如何用自己的释经方法理解旧约的。而在他的影响之下,其他学者对其激进处理旧约的方法进行了不同的回应。

第一节 前马克安时代的旧约观

"区分律法和福音是马克安现实的和首要的工作"①当公元3世纪初德尔图良如是评价马克安时,他无法预见在1300年之后一个来自德国的修道士会同样将区分律法与福音作为自己神学的最重要的主题之一,尽管二者采取的方式完全不同。虽然马克安与路德在某些方面确实存在相似之处,但在这里当德尔图良使用"律法"与"福音"这两个术语评价马克安时,他所指代的并不是两

---

① Adv.Marc.I.19,4.

个不同的神学主题(正如路德所表达的),而是简单的意指两个不同的宣言:一个是旧约,一个是新约。因为德尔图良在关于马克安的相似的主题中明确表示马克安对两部约书所持的对立观点,并且这位律师出身的加拉太护教士习惯用修辞的手法表达观点,似乎这样能够在语言学的角度更为有力的打击对手①。这里所要指出的是,区分新约和旧约确实是马克安思想的重要主题,这也构成了他整个二元论的基础。无论是像哈纳克一般,认为马克安思想的起点是新约与旧约的不一致,这种不一致使得他不得不重新考量旧约的内容,最终摒弃了旧约的神而肯定基督教的信仰是一位陌生上帝带来的福音②;还是如莫尔(Sebastian Moll)认为,"马克安并不是根据新约来理解旧约,而是根据旧约来解释新约。"③旧约都是理解他神学的关键。而本章主要关注的是马克安对旧约的理解。在马克安之前,旧约的权威性和神圣性几乎从未遭到质疑,基督教会并没有正视新约与旧约诸多不符的地方,绝大多数早期的护教士们选择忽视它们,并试图通过寻找新旧约之间的渊源来强调二者的延续性和一致性。而其中极少数的护教士注意到二者的差异,比如伊格纳修和巴拿巴书的作者。即便如此,他们也并没

---

① 当然,德尔图良的这个说法频繁地被学者们用来支持马克安教导的起点正是保罗/路德关于律法和福音的区分,哈纳克也曾以此作为依据。但笔者认为这个证据是存在缺陷的。有关马克安律法与福音的问题将在后面一章具体探讨。

② 参见哈纳克:《论马克安:陌生上帝的福音》,朱雁冰译,北京:三联书店 2007 年版,第 40—44 页。

③ Sebstian Moll, *Marcion:A New Perspective on His Life, Theology and Impact*, The Expository Times, 121(6), pp.281-286.

有就此问题进行深入的思考。为了与马克安进行比较,本书将选取他们为代表,介绍马克安之前的基督教旧约观念。

伊格纳修并没有系统的陈述关于旧约的问题,但在他写给费拉得非亚人(Philadelphians)的信中提到了自己关于这个问题的一些看法。"因为我听到有些人说:'如果我不能够在留存的文本中找到它,我就不相信福音中的它。而当我回答他们,这是记载了的;他们又答道,这是个问题。'我的古老文本就是基督耶稣,这神圣的文本就是他的十字架,他的死亡,他的复活以及他所带来的信仰。"①在探讨伊格纳修的想法之前,首先需要澄清几个概念。伊格纳修的对手们所提到的古老文本就是旧约文本,他也回应说所相信的在文本中已经记载。但伊格纳修通过与福音相关联赋予了这个术语新的含义,对他而言,不再是一本书或是一个文本,"而是教会宣扬的得救的信息"②。因此,伊格纳修的信所揭示的情况是:在费拉得非亚的基督教社团中有一群人拒绝相信福音的任何信息,除非能够在旧约中得到验证。然而伊格纳修简单的回应当然无法使他们信服,他也不愿意与他们在释经学的问题上纠缠,对他而言,出自旧约的福音其真实性并不需要任何证明,因为它是自明的。

伊格纳修在这里是试图将新约排除在旧约之外吗?他确信旧约的先知是灵魂的导师,他们的证言和摩西律法一样能够用来抵抗异端。但在他给Smyrneans的信中,他又提到:"应该听先知的,

---

① Ignatius, *Philad.* 8, 2.

② Charles Thomas Brown, *The Gospel and Ignatius of Antioch*, New York: Peter Lang, 2000, p.205.

但更应该听福音的。"①而在给费拉得非亚的信中提到了更多信息:"福音是特别的,我们的主耶稣基督作为救世主到来,他的受难和复活都是特别的。因为我们所爱的先知们在他们的预言中指向了他,但福音是不朽的完满。只要你用爱去相信,所有的事情都是善的。"(Philad.9,2)这段话体现了伊格纳修是如何看待福音与先知之间的关系的。对他而言,旧约与福音是绝对不冲突的,因为所有的事情(旧约和新约)都是善的。福音是特别的,但它仍旧与旧约一致,绝非截然不同。

巴拿巴书则认为,新约和旧约实质上是一致的,之所以出现了不同的理解是之前犹太人的误读。犹太人并没有真正理解神的启示和旧约的含义。基督耶稣的降临给予了人们重新正确理解圣经的机会。因此,新约与旧约相矛盾的地方在巴拿巴书的作者看来都是犹太人的理解错误而已。

公元 2 世纪在马克安之前的基督教作者笔下的旧约与福音呈现的是一幅和谐相融的图景。即使是巴拿巴,从寓意释经法的角度出发,旧约与福音仍旧是一致的。因此,马克安的出现完全颠覆了事情的发展方向。从某种意义上,他通过否定旧约中的神是基督耶稣之父而把旧约完全退还给犹太人。当然,我们不能仅从解决释经学问题的角度看待马克安的贡献。他的信念远不止如此而已,但他的成功部分原因却是由于当时旧约悬而未决的状态。无论如何,从马克安开始,基督教神学家们再也无法回避新约与旧约之间的差异。

---

① Ignatius,Smyrn.7,2.

第二节 马克安对文本的解读

在讨论一切马克安关于旧约的态度和理论之前,首先需要明确的是他诠释旧约的方法。这种方法决定了其后他对旧约的评价。马克安一直坚持运用字面释经的方法解读旧约,换言之,他拒绝寓意释经法。寓意释经法自奥利金的诠释后在圣经学者中被普遍使用,而马克安的坚持引发了学者们不同的评论。有学者认为马克安受到了同时代的犹太圣经译者(将希伯来旧约翻译成希腊文)阿奎拉(Aquila)的影响,因为二人都严格按照字面和历史的方法解读圣经,他们与同时代的希腊化犹太教教徒和基督教教徒中流行的释经方法形成了鲜明的对比。但很难证明二人之间有任何的互动。毕竟通过同样的方法却得到了两个截然不同的结论:一个成为了传统的犹太神学家,一个成为了激进的基督教二元论支持者。并且,一个显而易见的问题是:从文本所提供的文字意义来解读该文本——这应该是任何读者在阅读时的第一本能——是否真的如此特别以至于一个人需要被一种具体的释经运动所影响才能想到这个方法。

一、字义释经法

大卫邓根(David Dungan)认为无论是马克安对待旧约的态度还是在解释旧约的方式上都不存在"犹太"因素。他认为马克安的方法"是他在与希腊化的宗教论战中的一种具有代表性的武器,无论是对抗基督教、犹太教还是异端分子。具体而言,通过将对手的'经典'解读为毫无价值的前后矛盾的文本或者是奇怪的谬论以及记载道德败坏的神的篇章来摧毁对手"。① 按照邓根的理解,马克安仅仅将旧约作为对手的经典文本看待。这种看法实际上是对马克安的误读。实际上,马克安并不否认旧约的真实性。但他仅仅只是将旧约看作一本历史的书籍,它的价值就是为人们提供了一段关于犹太民族的可信的历史资料而已。马克安并不关注其历史记载的真伪:无论是圣经中描述的那个作为亚伯拉罕后裔的女人(Luke,13:16)还是所罗门的荣耀(Luke,12:27),都是真实的,因为亚伯拉罕是真实存在的,所罗门也是真实存在的,在马克安看来,没有理由篡改其中的内容。

摩尔认为马克安坚持采用字面意义解释旧约的原因是因为他除此之外没有其他的办法。他对于这个世界和世界的创造者的憎恶使他毫不怀疑当旧约神说"我创造了恶(It is I who create evil)"时其意也正是如此。

无论马克安究竟出于何种原因选择了字面释经法,他坚持使用直译的方法,对任何可能的引申含义都视而不见。他的解读在某种意义上恰好与现代学者对旧约的批评不谋而合②。他们都否

---

① David L.Dungan,"Reactionary Trends in the Gospel Producing Activity of the Early Church:Marcion,Tatian,Mark",in:M.Sabbe(ed.),*L'Évangileselon Marc:Tradition et rédaction*,Leuven:University Press,1974,p.191.

② 比如哈纳克就倾向于认为马克安将整部旧约看成是编造的文本,但马克安不同于他的学生阿培勒斯,没有明显的证据表明马克安认为旧约是虚构的。相反,如前面提到,马克安更多的是将旧约看成是真实可信的文本。

认旧约预言了一个受难的弥赛亚。德尔图良则恰恰相反,他给出了早期基督论的一个例子:耶稣的十字架在以撒、雅各、约瑟和摩西中预言过了,在那条狡猾的蛇中也预言过了①。同时,他指出在诗篇中已经预言了耶稣的受难。在这一点上,作为基督教神学的先驱,德尔图良站在了一个更高的角度。尽管如此,必须承认的是,马克安对寓意方法的排斥是具有时代性的。考虑到公元2世纪希腊人对寓言的滥用,将此方法直接运用在圣经解释上是相当危险的,因为它可能使圣经丧失其权威性。唯一能够保护圣经权威的方法就是赋予其一个固定而明确的解释,这个解释不取决于任何人,因为每个人的理解和诠释都有可能不同。所以,严格恪守历史文本的解读是最保险的办法。德尔图良采用寓意的方法,目的是保护旧约免受异端的攻击,很显然,这个办法不适用于马克安。为了与马克安划清界限,那个时代的大多数基督徒会同意德尔图良的方法。然而值得注意的是,德尔图良是律师出身,他擅长运用修辞学的方法,在辩护的过程中充满激情。他常常变换方法以期最有效的攻击对手。在《论肉体的复活》(De Resurrectione)中,他一面指出诗篇92章12节是对耶稣死而复活的隐喻,认为其中的"棕榈树"应是"凤凰"②,而凤凰的涅槃即象征耶稣的复活。另一面却在同一本著作中,在讨论终极审判时他又采取直译的方法解释圣经。

确切而言,寓意释经法在奥利金(Origen)那里发扬光大。他

---

① Tertullian, *Anti Marcion*, 3.18.
② 马克安援引希腊文版的圣经,该词为"φοινιξ"。

也深深地为保罗的榜样所吸引。但是这种方法存在相当的危险性,正如温迪施(Windisch)对巴拿巴书的评价一样:"巴拿巴书让我们见证了用寓言的方法解读旧约几乎使拥有福音变成了多余的;这种建立在使徒时代丰富的福音文献基础之上的方法不能再继续推广。"①这实际上是对马克安释经方法的支持。

二、作为史料的旧约

然而,对马克安而言,旧约作为一本道德伦理的书并没有完全被否定。马克安对待犹太律法和道德规定的态度是令人困惑的。他并没有简单地否定旧约中的一切。马克安的二元神论不仅仅是善神和恶神的对立这么简单。造物主是正义的,这在它的书中(旧约)得以体现。马克安没有提到律法的永恒性,但他却承认基督到来之前律法的有效性②。在他编撰的圣经中另外两处也体现了马克安将摩西律法作为道德准则的积极意义。路加福音10:27中提到:"爱上帝和爱邻人"的戒条;16:29则提到将"摩西和先知"作为人们避免自私行为的榜样。同样在罗马书中保罗的教诲和路加福音相似③。马克安同样接受了罗马书第二章13节的内容:"原来在神面前不是听律法的为义,而是行律法的

① HandbucbzumN.T.,Erganzungs-Band,p.375.

② 他虽然保留了路加福音第16章的第16、17节:"The Law and the prophets were until John…it is easier for heaven and earth to pass away than for one dot of the law to become void."但马克安将"of the law"改为了"of my words"。

③ 罗马书13:8—10和路加福音10:27。

称义";第二章20节:"在律法上有知识和真理的模范。"因此,马克安是赞同摩西律法的。即使是有关教会实务的问题,他也诉诸旧约的传统,比如禁止女性发言。① 一般而言,马克安接受并保留了保罗关于律法的吊诡的观点:一方面认为律法在本质上属于旧的管理者,另一方面却将它描述为神圣的、正义的、善的和灵性的。

除此之外,马克安对待旧约中预言的态度是存在矛盾的。一方面他似乎认为预言家的地位很高,在他的圣经中施洗约翰被认为是一位先知,并且先知们与摩西一起作为人们的道德楷模(路加福音,16:29)。在马克安的使徒行传中,保罗要求不要藐视先知(帖撒罗尼迦前书,5:20)也被保留,马克安甚至保留了保罗对旧约的引用(哥林多前书,1:19)②。另一方面马克安却频繁的攻击先知们或与他们相关的言论。他不相信所有的预言都注定会应验,也不相信所有的预言都是受圣灵感召的。他对于有关弥赛亚的预言所持的态度同样也是矛盾的。他相信有一个犹太弥赛亚将会来临,但并不是基督耶稣。这个弥赛亚的任务是将离散的犹太人重新聚集起来,尽管其他民族会起来反抗他们,但最终将建立犹太人的国度。这个事件是将来时的,也是犹太民族的希望,这个国度和大卫的国一样建立在这个世界上而不是永恒的国度。因为这位弥赛亚仅仅是一个人,大卫的后裔。由此

---

① 马克安保留了哥林多前书14章34节中"正如律法所说的"这句话。

② 哈纳克在书中列出了马克安保留的此类对旧约的引用的完整版本。

可见，马克安部分地接受了关于弥赛亚的预言，而对于那谦卑的救世主的预言，他则选择忽略。

马克安认为旧约中提到耶稣基督的预言只有两处。一处是在玛拉基书第三章 1 节，一处是在申命记第 21 章 23 节。"被挂的人是在神面前受诅咒的"，而他正是哥林多前书第 5 章 7 节中所提到的逾越节的羔羊基督。德尔图良认为马克安主义者必须承认他们将先知的预言归为了两类①。第一类预言宣称未来事件已然发生，第二类则是那些按照比喻的说法而非字面意义理解的预言。因为如果按照字面意义理解旧约中弥赛亚的预言②，这个预言和新约中关于基督耶稣的描述并不像马克安所言的那样存在矛盾。他认为马克安在这里并没有严格遵守自己的释经原则。

马克安的耶稣基督是作为一个全新秩序的开创者降临的，他与现存的世界没有任何联系并将扫清旧有的一切。作为一个迄今为止陌生上帝的使者，他的目的是消除造物主的作为。那么，只能预设造物主竟然丝毫没有察觉未知神在他的先知书中插入了一个预示自己将被更强大的力量摧毁的预言③。

马克安似乎从未把旧约看成是基督教的传统或是如同它在历史上的重要地位一般对未来充满意义的一部作品。他也未曾考虑切断旧约的一切联系可能导致的危险，毕竟在之前的很长时间内

---

① Cf. Adv. Marc. III. 5.

② 见以赛亚书 8：4。

③ 有些观点认为，先知们所表达的预言一些是来自德牧革，另一些则是来自超验神。爱任纽将这种理论归为瓦伦提诺主义者和其他的一些诺斯替主义者们。cf. Irenaeus, 4.35.

基督徒的宗教生活是建立在旧约的基础之上的。马克安是如何确定基督教是一个全新的宗教并崇拜一个直到提比略统治的第 15 年之前都与人类毫无关系而突然进入人类生活的神呢？马克安援引基督耶稣的话"新酒不能倒入旧瓶之中"，并以此作为自己的最根本的前提。对他而言，旧约很显然就是那个旧瓶子。

三、教会的反驳

当时的基督教会当然无法接受马克安的说法。按照马克安的推论，意味着"那些品尝过新酒的人不再需要旧瓶了"。换言之，基督徒们可以抛弃旧约的权威了。这种对福音全新的强调对教会而言过于狂热和夸张了。尽管他们也认同福音的全新，但教会相信基督教是犹太教最高的发展阶段。严格而言，正是旧约中的预言使基督教神学将耶稣看作是犹太教的延续，而犹太教和拉比神学的存在又体现了基督教和基督教神学的独立之处。这是一种更为现代的表述，用公元 2 世纪基督徒的语言表达这种理念则是：基督是整个旧约都在期盼的弥赛亚，是先知们预言的实现。教会批评马克安忽略了基督教是历史的宗教这一事实，如果没有时间的连续性也就没有历史可言了。"即使是最庄严的橡树也是从一颗种子萌发而成的，上帝的国度也是通过从黑暗的阴影向着光明逐步实现的。"对教会而言，只有通过福音和旧约之间的相互印证来体现这种历史的延续。

布莱克曼(Blackman)认为，"旧约所记录的是人与神之间的联系，通过对历史事件的记载解释了神在历史中的强大的行为；同时,它也是这个世界的管理者和统治者对这个世界的干预的见证。"①因此,他批评马克安对旧约的评价,认为基督教的开端是旧约中所记录的这些神圣干预的高潮,正因为如此,基督教将旧约纳入自己的圣经之中。犹太人也许仅仅只相信过去所记录的神的伟大的事迹而错过了整个过程的高潮,而基督徒则看到了二者之间的联系。马克安显然意识到一旦承认基督的降临是犹太教发展的顶端就无法摆脱犹太教的束缚,于是他干脆重新定义基督教使其简单明了。

然而,马克安并没有能够阻止教会将旧约当作基督教的遗产。就当时情况而言,并不仅仅是出于对旧约这部关乎信仰的伟大作品的尊重,最根本的原因应该是一旦松开了与旧约之间的纽带,教会将失去信仰耶稣的最强大的理由——基督是上帝唯一的儿子。事实上,化成肉身的神圣存在对当时的希腊世界而言并不是什么全新的概念,许多宗教信仰都是以某位神的子嗣为信仰基础的。当时普通的罗马民众已然接受了这个新兴宗教的信仰对象耶稣是犹太神耶和华的儿子并因此将它和其他相似的宗教置于同一神圣存在范畴之中。然而,这并不是基督教会希望看到的结果。他们的任务是使人们相信耶稣基督不同于之前化为肉身的神。而最有效的方法之一就是宣称他的出现和所为在几百年前就已经被预言了。在当时还没有哪个崇拜神的子嗣的宗教能够在其他古老宗教中找到证据支持。

---

① E.C.Blackman, *Marcion and his Influence*, Wipf and stock Publishers, 1948, p.120.

查仕丁在他的《护教学》中也提到了这种联系。当异端认为耶稣通过神迹来证明自己是上帝之子的方法过于简单时,查仕丁的回应是他们忘记了预言。伊格纳修同样也引证了相似的观点,认为旧约的先知们是受到上帝的感召预示耶稣的拯救行为。神圣的先知们早已进入在基督门徒的灵魂之中,期盼作为导师的耶稣出现。在写给费拉得非亚人的书信中,伊格纳修宣称先知们已经预示过福音并将在基督的信仰里得救。

当然,大部分希腊基督徒不了解旧约也认为没有义务将其保留。对他们而言,旧约不过是犹太人的传说而已。他们的存在为诺斯替主义和马克安的理论传播提供了生存的空间。相关的文字记载在前面提到的巴拿巴书和后面将具体论述的托勒密写给弗洛拉(Flora)的信中都能找到。

尽管如此,马克安对旧约的态度仍是其中独具一格的。巴拿巴书的作者认为完全按照字面理解旧约会误入歧途,他认为旧约中关于耶稣位格的奥秘以及包含了人们日常行为准则的部分都是会导致谬误的,于是他提出唯有通过出人意料的寓意释经的方法才能维护旧约的权威。而马克安却拒绝使用寓意释经法,他比巴拿巴书的作者更为决绝,甚至干脆拒绝了旧约。

四、马克安旧约的影响

在对待旧约的问题上,马克安对教会的真正贡献是什么?公元144年罗马教会驱逐马克安是对还是错?现在问将已经作为圣经的旧约和新约是否具有同等的有效性和神圣性仍旧公平吗?或者说是否同意哈纳克的命题："在二世纪拒绝《旧约》是一个错误，是大公教会有理由反对的一个错误；在十六世纪将它保留下来是一个命运，是宗教改革运动上无力摆脱的一个命运。但是，自十九世纪以来仍然将它作为具有正经地位的文献在新教中保存下来，这是宗教和教会陷于瘫痪的后果。"①哈纳克的表达是相当激进的，这是否意味着对基督教而言，旧约中没有什么是值得保留下来的？

事实上，这不仅仅是关乎旧约文本出处、其历史的真实性以及是否适用于公共崇拜的问题，而是关于旧约是否只是一部古老的文学作品或是描述基督教从中而生的那个民族的生活和思想的历史文献？旧约与那些同样记载了早期基督教先驱和发展的希腊和罗马的著作究竟有何本质区别？旧约是否拥有某种相关的特质使得它不同于其他古代文献，并能够与新约具有同样的权威性？如果教会把旧约和其他伪经一起仅仅作为有用和值得读的书而拒绝把它作为经典权威并和新约相提并论是不是会更连贯和一致？

如果权威经典是揭示基督教在事实层面和实践层面的内容的文本的集合——这正是马克安认为的福音应当且仅仅应当包含的内容——按照如此理解，那么旧约则没有理由成为圣经的一部分。马克安相信基督耶稣作为出现在历史中的人其启示的唯一性。他认为基督教在与公元29年前发生的事情没有任何联系的情况下也能够被了解，自耶稣死后以教会为核心的基督教已经充分阐述

① 哈纳克：《论马克安：陌生上帝的福音》，朱雁冰译，北京：三联书店2007年版，第233页。

了福音的内容。

在处理旧约的问题上有一点是教会应当向马克安学习的,即他对基督救世论的强调。尽管他过于注重基督救世论而忽略了宇宙论的问题,但他的极端和激进的理论却使其他研究旧约的学者们注意到了一个容易被忽略的问题。旧约作为救赎的神的见证而成为基督教的一部分,对人们而言更重要的是上帝原谅了他们并爱护他们而不是创造了他们。遗憾的是马克安认为这两种状态是非此即彼的存在。在公元 2 世纪早期马克安之前,基督教的作品中并没有严格而明确的区分新约与旧约。不论是伊格纳修模糊的论述还是巴拿巴书有意与犹太传统分离,都理所当然地把旧约当成基督教的经典。这种对旧约全盘接受的解读方式迟早会遭到淘汰,因为新旧约之间的差异是无法回避的,而马克安的出现则以一种最为激进的方式结束了二者的和谐共处。在他指出了新约与旧约之间的根本差异后二者的关系再也无法如原来一般融洽。尽管马克安所采取的极端方式最终并没有为教会接受,但是他提出的问题却成为了长久以来基督教思想家们必须思考的议题之一,在他之后没有哪一个思想家能够对二者之间的差异不加以任何解释而简单的宣称新约和旧约的一致。

第三节　马克安遗留的问题

马克安如此彻底的切断了新约神和旧约神之间的联系使得教会内部人士也不得不重新审视新旧约的关系,从前二者完满统一的论调不复存在。无论是护教士还是异端阵营,都在致力于解决这个问题。和马克安同时代的护教者查仕丁(Justin Martyr)为了维护基督教一神论的传统,解决新旧约之间的矛盾,他在神圣启示中引入了时间发展的概念,首先建立了新—旧约的概念。而和马克安同时代的诺斯替主义者托勒密,则区分了律法的制定者和基督耶稣之父,在这一点上他和马克安的思想非常接近,他试图寻找一种折中的方式解决这个困扰基督徒的问题。于是他在诺斯替主义多神论的体系中找到了灵感。

一、托勒密的诺斯替主义解读

在托勒密写给芙罗拉(Flora)的信的开头提道:有的人认为律法是由父神制定的;相反,另一些人则顽固的认为律法是由父神的对立面——产生毁灭的恶魔所制定的,正如他们相信这世界的样式也是由这恶魔所建立的,它是这宇宙的创造者和统治者。而这两种观点都是完全错误的。他们相互驳斥但都无法获得事实的真相。托勒密所批判的两种观点,前一种很明显是正统教会所持有的观点,而后一种所指的则很有可能是马克安派的立场①。因为托勒密的这封信大约在公元 150 年左右写于罗马。而那一时期正

---

① 尽管许多学者认为在托勒密的信中所提到的第二种观点就是指的马克安,但他们也认为这是托勒密对马克安的误读,因为在马克安的理论中,律法是由造物主制定的,但马克安并没有将造物主等同于恶魔。基于这封信我们可以找到目前所知道的最早的关于批判马克安的论述,我们必须相当重视托勒密的批判并且毫无偏见地问他所描述的马克安的理论是否真的错了。

是马克安思想活跃于罗马的时期。这封信的对象是一个普通的基督徒,所以她很有可能对当时传播甚广的关于旧约律法的两个主要的相对立的观点有所了解,因此她的导师认为有必要和她探讨相关的问题,而在当时的罗马,除了正统教会的观点就是马克安的阵营了(当然,从托勒密的立场出发,这里所指的是除了诺斯替主义之外的其他流派)。

简而言之,托勒密的信体现了马克安同时代人对其理论的评价,同时也是我们所知道的最早的有记载的对马克安的批判。下面具体来看托勒密是如何解读旧约的。

他首先区分了律法的三个不同的部分:第一部分是属于神的;第二部分是属于摩西的,这一部分的律法是上帝通过摩西传达给人类,而摩西在传达的时候加入了自己的理解,这里专门归为一类是为了同第一部分由神直接传达的区分开来;第三部分是属于那些长者的。为了更好地说明第一部分与第二部分的不同,托勒密使用了离婚的例子。耶稣说:"摩西因为你们的心硬,所以许你们休妻。但起初并不是这样。因为夫妻本是神所配合的,人不可分开。"①托勒密认为这是区分摩西的律法与上帝的律法明确的证明。但是,他不同于马克安,并没有质疑摩西律法的可信度和有效性。相反,他强调摩西并没有因个人的自负和虚荣而有意教导违背上帝律法的教条,他所作的更改完全是由于客观环境所导致的,在所举例子中正是由于那些硬心肠的人,迫使摩西不得不两恶相权取其轻。

而第三种属于长者的律法同样也能在耶稣的话中验证:"神说

---

① 马太福音,19:6,8。

要孝敬父母。但你们(长者)却说无论何人对父母说我所当奉给你的已经做了供献,他就可以不孝顺父母。这就是借着传统废了神的诫命。这正是以赛亚人所宣称的,这百姓用嘴唇尊敬我,心却远离我。他们将人的吩咐当作道理教导人,所以拜我也是枉然。"[1]

在定义了后两种律法之后,托勒密又回到了第一类由神亲自制定的律法,并将这一类律法分成了三个部分:第一部分是最纯粹的律法;第二部分是混入了不完善和非正义因素的律法;第三部分则是典型的和有象征性的。纯粹的律法即指十诫,尽管它是纯粹的但并不完满,需要基督耶稣来完成它;第二部分的律法虽然有缺陷但仍是正义的并且很有必要,主要针对那些无法遵守纯粹律法的不坚定的人,当然这些律法是不符合至上神全善的本质的,因此在耶稣到来之时将要废除它们;最后一部分具有象征性的律法包括犹太教礼仪的律法,如割礼和安息日的规定等,这些律法也将被废除,但只限于物质层面。在精神层面它们将被保留。例如割礼不再执行于人们的肉体,而是施行于灵性的心灵。托勒密在保罗的教导中找到了支持第三种律法存在的证据[2]。

尽管托勒密在说明律法的问题上始终将其看成是来自于神或非来自于神,这里他所指的神不可能是至上神,因为律法的神"不是完满的而需要通过某人来实现"。而一个没有非正义因素存在的律法也不能归于魔鬼,因此,这个神只能是一个存在于善神和恶神之间的神:它就是德牧革。

---

① 参见马太福音,15:4—9。
② 关于逾越节和未发酵面包的象征手法,见哥林多前书 5:7。

托勒密解读旧约的方法是开创性的。首先,他并没有将旧约当作一个整体对待,而是分开陈述旧约律法的问题。有关基督的预言是基督徒们普遍相信的(当然,除了马克安),因而不需要为之辩护;但证实律法却是一项具有挑战性的任务,而托勒密接受了这个挑战。通过进一步的区分,他打破了圣经一直以来毋庸置疑的整体性,用耶稣和保罗的话作为区分律法的证词,换言之,他用新约作为理解旧约的钥匙。马克安则是用反题的形式对照旧约和福音,但仅仅是为了表明二者的根本区别。他不需要用福音来质疑旧约和旧约神,对马克安而言旧约本身就足以说明旧约神的特质。

马克安的学生阿佩勒斯在这个问题上则比他的导师更为极端,他运用三段论的方法论证旧约中所记载的内容的荒诞和矛盾,以此表明律法和先知的不可信。阿佩勒斯的三段论是一部至少有三十八卷的大部头著作①,并没有完整地保留下来,在留存的残篇中可以一观他对旧约的批判。

二、阿佩勒斯的三段论(Apelles' Syllogisms)

第一个论证

片段 8:

上帝是否知道亚当会违背他的诫命?如果它不知道,那

---

① 参见哈纳克:《论马克安:陌生上帝的福音》,朱雁冰译,北京:三联书店 2007 年版,第 197 页。

么就不存在所谓的神圣力量;但如果它知道,而仍旧故意提出会被忽视的要求——上帝是不会提出多余的要求的。但在这个要求亚当做事实上他不可能遵守的命令却是多余的。由于上帝不做多余的事,因此旧约不是来自于上帝。①

这个三段论可以很好地说明阿佩勒斯的方法。不仅仅因为它关注的是旧约中最具争议的内容之一——人类堕落的起源,事实上,不论是诺斯替主义还是马克安都讨论过该问题;同时这也是阿佩勒斯三段论中保存最完整的一个,它采取了经典的三段论形式:

前提一:圣经所说的要么是上帝不知道亚当会违背自己的命令,要么就是明知亚当不会遵守而上帝作出了多余的命令。

前提二:上帝是全能的因此绝不会做任何多余的事情。

结论:圣经不是出自上帝。

阿佩勒斯的思考方式体现了他与他的导师马克安关键的不同之处。后者运用圣经解读的方法接受旧约是其所是,并据此得出旧约神并非全能而做出多余事情的结论。马克安关于造物主的观念完全基于旧约的描述。阿佩勒斯则相反,他用哲学的方法首先建立了上帝的观念,这个上帝拥有古典哲学归于它的一切特质,阿

① 参考 Greschat, *Apelles*, pp.50-68。对片段的编号也来自于该书。下同。

佩勒斯运用先验的观念证明旧约的不实之处并得出旧约不可能出自上帝的结论。然而,马克安和阿培勒斯的共同之处在于他们都拒绝用寓意释经的方法而坚持采取字面意思理解圣经。除此之外,二人都将旧约作为一个单独的个体,与新约是完全分开的。

第二个论证

片段 13:

不论在什么情况下,都不可能将如此多种类的动物和能够维持它们一年的食物在如此短的时间之内带上船(诺亚方舟)。按照圣经的说法,不洁净的动物带两对,洁净的动物带七对,按照所记载的船的大小甚至连四头大象都放不下,又是如何可能装下其他所有的一切呢?因此,很明确这故事是编造的,而既然如此,圣经也很显然不是出自上帝。

阿培勒斯的这个论断不是严格意义上的三段论,并且与之前的证明出发点也完全不同。这一次他所关心的不是概念的不同而是事实的不一致。

第三个论证

片段 1

生命之树对生命的贡献如何能比上帝的气息更重要?①

---

① 阿培勒斯此处所指的是创世纪的故事中包含的不一致。(见创世纪 2:7)

这是阿培勒斯批判旧约的第三种方式。这一次他所关注的是文本之间的不一致。同时,他又一次与他的导师发生了分歧。马克安也发现了旧约中记载的不一致,但他仍然将这种不一致归于不同的神。而阿培勒斯的结论则是直接否定旧约,认为它并非出自上帝。

Pseudo-Tertullian 明确指出在三段论中,阿培勒斯试图证明"摩西所记载的有关上帝的信息不是真实的而是错误的"。① 希坡律陀也同意,"阿培勒斯的作品(尤其是三段论)反对律法和先知,他试图摧毁他们,就好像他们都在说谎而没有任何关于上帝的知识。"②"他痛斥律法和先知,认为旧约是人造的和错误的。"③因此,阿培勒斯的目的很明确:既然旧约没有包含任何关于上帝的真的知识,那么它显然应当被废除。阿培勒斯试图证明旧约是完全无用的,但最终只是漫长的神学发展过程中的间奏曲而已,并没有得到教会的青睐。

因为公元 2 世纪的基督教会必须秉持中庸之道。一方面不能过于关注历史渊源否则只能成为犹太教的分支而无法独立出来;另一方面又要避免被罗马帝国内的其他非犹太教的宗教团体同化。很明显,后者的诱惑更为强大。诺斯替主义在当时就具有广泛的吸引力。诺斯替主义的新颖独特和不一样的宇宙神论吸引了很多基督徒,尤其是那些相信基督教提供了一种拯救全人类的全新方式的基督徒,认为基督教的信条和组织应当与诺斯替主义的

---

① *AdversusOmnesHaereses* VI.6.
② Ref.X.20,2.
③ Ref.VII.38,2.

形态一致。马克安正是从这个方向影响了正统教会，即使他在许多方面不属于诺斯替主义的范畴。

事实上，为了避免斩断新旧约之间的联系，诺斯替主义者托勒密的处理方法是有效的。作为第一个回应马克安理论的人，他所关注的对象不是整本旧约，而仅仅是律法。他将律法归于神而这个神却不是基督耶稣之父，在这一点上他与马克安的想法相当接近，但他仍旧保留了旧约的神学价值。然而，由于托勒密采取的是诺斯替主义二元神论的方法，他的解决办法并没有为教会所接纳。

但是，马克安坚决的态度确实使教会在与犹太教教义整合时必须注意福音的新，不过，教会也意识到即使存在与犹太神学融合后可能出现混乱和矛盾的风险，也不能斩断于犹太教的渊源：其中既包括那些存在于犹太历史之中的重大事件；也包括基督耶稣出生和传道的巴勒斯坦那片土地。最终，教会接纳的是查仕丁的方法，在神圣启示中引入一个暂时的发展状态。这个概念帮助基督教神学度过了早期发展所面临的部分难题。正是如此才使得基督教在公元 2 世纪的纷争和混乱中生存下来并能够在与后来的神秘主义和理性主义的竞争中保有自己的特色①。

后世思想家们在处理旧约的问题上提出了诸多具有建设性的理论，其中一些理论至今仍影响当代思想家们的思考。我们不能将这些成果都归诸马克安，但必须承认的是他是最初推动人们去

① "一方面，教会的决定在保留犹太教根源和作为标准的创建者可证实的教导之间，另一方面，教会也在寻求这两方面的整合，并在必要时让历史从属于占优势的宗教和思想形态……这个决定也确定了基督教的形态特征。"（*History of Christianity*，I，p.344）

思考的动因之一。

值得注意的是,对早期教会而言,马克安确实产生了巨大的威胁,但从对后世的影响而言,马克安在基督教历史上的重要性不在于他建立了独立于基督教会的教会组织,也不在于他在教会实践上的创新。毕竟最终他并没有打败基督教会赢得整个地中海世界并成为主导而普遍的教会;他反而使得整个基督教会放下内部矛盾团结一致来抵抗自己的组织并取得成功。但是,作为第一部新约圣经的编撰者,马克安的影响无疑是巨大的。他甚至可以被称之为基督教圣经的创造者。但对马克安个人而言,作为文本的批评者和圣经的制造者,相对他所主张的神学和基于神学思想之上的教会实践,编撰圣经只是他完成工作的一个手段而非目的。马克安对基督教世界最重要的影响来自于他对基督救世神学的强调以及对保罗神学的关注和执着。他的理论作为一个神学体系而言过于片面,他并没有创造有价值的理性系统的想法。但他的洞见是重要的,在后来许多基督教和非基督教的思想家的思想中得以重现。比如他强调神圣的爱以及对律法的反感。

如果将摒除旧约看成是马克安思想的起点,那么,他对保罗神学的认可与坚持则是他神学的根本特质。下一章将具体分析作为保罗神学忠实追随者,马克安是如何在他的神学中体现和运用他精神导师的思想精髓的。

第三章　马克安的哲学建构

　　回顾基督宗教发展史,使徒保罗的加入无异于开启了基督宗教的新时代。保罗原名扫罗(Saul),出生于基里基雅的塔尔索(Tarsus,位于今天土耳其的中南部)的一个犹太家庭,在耶路撒冷长大,受到良好的犹太式教育,他曾是一名虔诚而热心的犹太教徒,也曾积极参与迫害基督徒。而在某天去大马士革的路上,他感到了基督耶稣的召唤,并在耶稣的感召下,皈依了基督宗教。基于对犹太教的深刻理解,保罗对其展开了强有力的批判。他从神学理论和个人体验两方面批判犹太教自古以来所宣称的"被上帝拣选的民族"的优越性,并坚信耶稣拯救犹太人,同样也拯救外邦人,在被拯救之前,外邦人不需要进行割礼,变成犹太人。保罗彻底地将基督耶稣从犹太人的弥赛亚变成了普适的救世主,这也加速了基督宗教与主流犹太教之间的分裂。

　　然而,保罗神学并非一个完整而严密的体系,他的神学是在传道的过程中慢慢建立形成的,针对不同的问题,回答的方式和角度都不同,甚至可以说他的思想是相当实际的。作为一名狂热的犹太教徒,保罗皈依耶稣的特殊个人体验对他有着深远的影响,并在一些重要的方面彻底地改变了他的思想和生活方式。唯一没有改变的是保罗对信仰的热忱。

作为一个基督徒,他首先是一个传教士,其次才是思想家。神学是他传教过程中的副产品。他努力传道使人们信仰耶稣并为信徒们建立教会。据《使徒行传》记载,保罗一生进行了三次长时间的传教之旅。在此过程中常常被问到一些具有深远影响和意义的神学问题,正是为了解决这些问题,保罗逐渐形成了自己的神学思想。因此,保罗的神学体现在他与教会往来的书信之中,正是这些书信指引马克安向着自己的信仰之路前行,他将其中一些选入自己所编的经典文本。而正统教会也紧随其后,在编撰新约圣经时,选取了十四封保罗书信(尽管对其中一些的作者是否是保罗,有学者存疑)。

第一节　保罗思想的影响

使徒保罗无异于马克安的精神导师。如何解释旧约与新约中存在的诸多矛盾一直困扰着马克安。在潜心研究了当时所流传的基督教福音书、保罗书信以及相当数量的基督教文献之后,马克安找到了一个足以震惊世人的解决办法:抛弃旧约。这个世界不过是一个由低级神创造的可悲的产物,这个褊狭而好斗的神为世界制定律法并加以统治。而从异乡降临的基督,借着真正的上帝的至善,带来普适的拯救。"这种认识对于像马克安这样的与普遍的基督教传统（也许在此以前也与犹太教传统）连生的人意味着什么，今天几乎令人无法体验。这种意味着放弃《旧约》的价值重估在他只能在最深刻的内心震撼和最剧烈的痛苦之下进行；因为他必须将它以往所膜拜的东西付之一炬，他还必须用律法批判包含着这么多似乎与福音一致或者为之准备的内容的先知书和诗篇。"①即便如此，为了揭示真正的基督教信仰，马克安义无反顾地选择了一条注定无法被大多数人接受的道路。而他首先要做的工作就是选择他所需要的理论支持。然而，除了《旧约》这部无法表达基督福音的经典之外，马克安找不到任何具有绝对权威的基督教文献。于是，为了让世人不再被错误的传言所蒙蔽而忽略真正的基督福音所带来的光明，马克安赋予了自己一项重大而艰巨的使命：从浩如烟海的基督教文献中去伪存真，找到真正的基督传言。

在艰难的筛选后，马克安从当时已经被广泛接受的四部福音书中选择了《路加福音》为真正的福音书，除此之外，他在诸多的保罗书信中选择了十封作为他圣经的构成部分。分别是：《加拉太书》（*Galatians*），《哥林多前书》（*I Corinthians*），《哥林多后书》（*II Corinthians*），《罗马人书》（*Romans*），《帖撒罗尼迦前书》（*I Thessalonians*），《帖撒罗尼迦后书》（*II Thessalonians*），《劳狄基亚人书》（*Laodiceans*），《歌罗西书》（*Colossians*），《腓利比书》（*Philippians*），《腓利门书》（*Philemon*）。马克安的圣经真实地反映了

----

① 哈纳克：《论马克安：陌生上帝的福音》，朱雁冰译，北京：三联书店2007年版，第41页。

马克安的神学态度:唯有保罗继承和发扬了基督教的真正内涵。马克安的理论常常被认为是对保罗主义神学极端诠释。作为保罗的追随者,他将保罗对福音的宣告视为唯一与上帝表达一致的真理。

第二节　马克安的哲学内涵

一、宇宙论

对马克安来说,造物主所创造的世界与未知神的善毫无关系。但不同于诺斯替体系用夸张的手法描述德穆革与超验上帝之间鸿沟的邪恶本性,马克安认为这个世界的神与未知上帝之间所存在的"无限空间"(infinite space)是中立的:它表达了创造和审判与爱和拯救相分离的功能性不同。

世界本身代表着创造者的至高成就,虽然马克安没有否认创造者是一个神,但他认为这个神以及神的作为只能是次于唯一和至善的上帝的。未知上帝的启示消除了自然世界对人类的价值。

为了说明异乡上帝与人之间的距离,马克安运用了一个虽不恰当但很形象的类比:异乡上帝之于人的距离就好比人之于昆虫的距离,是如此遥远。为了毫无关系的人类,异乡神建立了真善。而造物主所建立的旧秩序——正义和天意(providence)——则被废除了。马克安在这里借用了保罗关于人软弱的论断:"他

(主)对我说:'我的恩典够你用的,因为我的能力是在人的软弱上显得完全。'所以,我更喜欢夸自己的软弱,好叫基督的能力覆庇我。"①马克安认为超验的上帝从第三重天下来进入创造者的牢笼,为了人受益而在十字架上受刑。如果正如德尔图良所暗示的,哥林多后书(12.2)中关于三重天的说法是马克安的信条②,那么显然马克安在很大程度上依赖于保罗的宇宙论。

因此,虽然马克安接受造物主是永世的神并加以描述,但他关于宇宙的拯救却是将人们从这个世界的力量中解放出来(哥林多前书2:6)。他假定在异乡上帝与这个世界之间存在着相隔不相连的空间而受到德尔图良的质疑:异乡神要把它所拯救的灵魂带到哪里去呢? 如果异乡上帝是真正的上帝,那么为什么它不建立一个自己的世界进行拯救而要干预别的神的世界呢? 马克安的解释其实很简单:耶稣从位于创世神之上的父中来,因此这世界也能被称为他所有的。

马克安同意德尔图良指出的审判和力量是神能力的证明,但真正的神的启示并非审判,而是拯救。然而造物主力量的证明仅仅揭示了它的恶意和嫉妒。未知上帝在它的拯救行为中所显现的一致的目的彰显出作为对立面的创造者的造物神,"它命令它所禁止的,而禁止它命令的;它同样攻击并治愈"③。旧约神与它自身也是相对立的,它是世上魔鬼的创始者,是战争的发动者和审判者。从本体论的角度上它有别于内在一致的神,神的一致性使得

---

① 哥林多后书,12:9。
② AM 1,15.1,p.281.
③ AM 1,16.4,p.283.

它只以一种方式作用于世界一次。因此,当德尔图良指出那至上伟大的必须是单一的这个前提并从中推理出上帝作为创造者、审判者和拯救者的单一性;而马克安的前提则是那至上伟大的是与自身相一致的,并因此得出结论:除了创造者之外还有另一个上帝,它的内在统一性使得它至高无上。

在保罗二元论理论(哥林多后书,4:4;加拉太书,4:8—9;帖撒罗尼迦后书,2:4;哥林多前书,8:4;加拉太书,3:19)的基础上,马克安在区分此世的神和异乡的神的问题上走得更远。异乡上帝对这个世界的作为的一致性并没有明显的体现在它的工作中:它是隐藏的,并不像次位神的创造秩序在原初就显露,而是显现一次并且只在耶稣基督那里显现一次。

二、人论

马克安确信在保罗致罗马人书中所描述的给人定罪的审判恰恰体现了造物主的恶和嫉妒。相比之下,那彰显人信仰之爱的“自由的礼物”则与异乡上帝的本质一致。根据罗马书(5:13)记载:“没有律法之先,罪已经在世上,但没有律法,罪也不算罪。”马克安认为正是由于造物主以律法的形式表达自己的妒恨,才导致了人的不顺从以及由于不顺从而失去的不朽性。对于在律法之下的人而言,罪是显而易见的。马克安也许会接受奥古斯丁的解释,设想恩典到来之前的人对不犯罪是无能的,但他进一步将罪归咎于律法本身并最终归于造物主的恶的观点最终使得他与当时的正统思想以及后来的如奥古斯丁等正统的保罗主义者分道扬镳。

德尔图良因此批判:"罪应当归咎于人类自身而非上帝。"①即便如此,德尔图良仍然承认马克安对正统理论的回应:"如果人意志的自由和支配会导致灾难性的后果,那么人应当被重新构造。"因为人是按照上帝的形象创造的,这无疑是正当并合理的。而自由意志和自我控制被认为是上帝形象的体现,将罪归于人本身无异于质疑上帝的创造。

马克安的二元论用一种简单而决断的方法解决有关恶的问题,这也是他人论的关键。

在假定造物主同时也是律法的创造者之后,不可避免地要面对残酷的罪循环和应得的惩罚。马克安解决了一个当时许多正统神学家无法解决的问题:如何协调上帝的全能和全善与违背它意志的创造物的存在之间的关系。正统基督教解决该问题的方法是在人本性的构建和由于人理智的滥用而导致内在善的上帝采取审判之间寻找一种关系。而马克安则诉诸不同的神,两个神都不是全能的:善神不能做任何违背善的事,所以它不能创造和审判;而同样,这个世界的神受它本身力量的限制,他无法拯救它所创造的。它用它认为是正义的来代替善的,根据完全主观的设计,它建立了对这个世界的统治。

严格意义上讲,人是属于宇宙统治者的生物,他不仅仅在律法的统治之下,但他将律法与至高的善弄混了。因此,异乡上帝对他而言是完全陌生的,他同时也是由造物主管理的"死亡和罪恶的律法"之下的生物。马克安认为人仅在后一种情况下是有罪的;

① AM 2,6.1,p.301.

而在前一种情况下,他仅仅是背离了未知的善。"如此说来,因一次的过犯,众人都被定罪;照样,因一次的义行,众人也就被称义得生命了。因一人的悖逆,众人成为罪人;照样,因一人的顺从,众人也成为义了。"(罗马书,5:18—19)根据人的本质,他属于次位神,并且对于远在他之上的上帝而言是陌生者,因此,并不是因为人的自由选择,而是由于异乡神的爱和仁慈他们才能获得自由。

　　异乡上帝对人的这种"占有"不仅是对人自由选择的干涉,更是侵害了造物主对自己的所有物的权利。德尔图良援引物权法来批判马克安的上帝,认为将他神的创造物据为己有的这种行为是偷盗不符合善。而奥利金(Origen)引用塞尔休斯(Celsus)的原文:"为什么他秘密的毁灭这个神的创造物呢? 为什么他用盗窃的方式将他的方式强加……并指向迷途呢? 为什么他从那些如你所言被创造物宣告有罪和诅咒的受造物开始呢? ……为什么他教导他们逃离他们的主人呢? 为什么他们应当从他们的父那里逃走? ……为什么他宣称自己是陌生人的父? ……这位的确令人印象深刻的神,他渴望成为被另一个神宣告有罪的罪人们和那些认为自己肮脏不堪的不幸的坏蛋们的父……"①

　　事实上,理解马克安的人论最为重要的是理解"陌生人(strangers)"这个术语。人并不是由于罪而离上帝遥远,也不是因为他对于他灵魂所属的完满是陌生人,而是从本质而言,他和上帝之间相互都是陌生的。他并非由于是亚当的后代而成为罪人,而是因

---

①　Contra Cels. (Chadwick trans.) 6.53; Origen's handling of Celsus' question about good and evil in relation to Marcion's God, 6.54ff, p.215.

为它是次位神的创造物,"而那神的本质拥有犯罪的能力"。①

保罗的自由意志论是马克安人论的基础:凡是与人自由选择相关的指责都归咎于造物主,而非人自身。人在律法之下是有罪的,但作为善的陌生者他是自由的:"那时,你们与基督无关,在以色列国民以外,在所应许的诸约上是局外人,并且活在世上没有指望,没有神。你们从前远离神的人,如今却在基督耶稣里,靠着他的血,已经得亲近了。"②人处在两种相互对立的原则之间,就他的本质而言,他在异乡上帝显现之前没有任何理由去恳求,因为他出于对创造者可怕的胁迫感到恐惧。

在之前只有异乡上帝了解的人类存在的困境,在启示之后,对人类自身而言也变得清晰可见了:用保罗的说法,人面临着在基督的律法和死亡的律法之间做出选择。③ 马克安通过指出造物主对人类的所为来表达这种困境:那禁止在安息日劳作的神却命令人们在安息日将约柜抬到耶利哥④;那禁止人们做偶像的神却命令摩西做一条铜蛇⑤;那神要求各种不同的祭品却又拒绝它们⑥;那神荣耀它所拣选的人却在后来后悔它的选择⑦。而在律法之下的人是按照造物主的形象创造,马克安认为人从造物主那里获得的个性是无知、反复无常和恶意。德尔图良则反驳马克安是把人的

---

① AM 2,9.1,p.304.
② 以弗所书,2:12—13。
③ 加拉太书,6:2,2:4,5:18、23;罗马书 6:14,7:1。
④ AM 2,22.1,p.313.
⑤ 民数记,21:8。
⑥ 以赛亚书,1:11。
⑦ 撒母耳记上,15:11。

性格加之于上帝而不是将神圣品格赋予人类。这里的问题在于从上帝形象而来的人为什么不能获得温和、耐心、仁慈和善的能力（异乡神所具有的），而所有的只是生气、嫉妒、小心眼和骄傲呢？马克安似乎并没有按照旧约圣经直接解释，而是在保罗的教诲中获得灵感："我们既有属土的形状，将来也必有属天的形状。"①那属土的形状（the likeness of the earthly man）恰恰是从创世神获得的形象。

　　马克安接受并展开了保罗关于精神和灵魂起源于不同的创造者的理论。但他唯一反对的是保罗将亚当看作是耶稣的原型，这也是正统基督教的解释："首先的人亚当成了有血气（natural）的活人；末后的亚当成了叫人活的灵（spirit）。但属灵的不在先，属血气的在先，以后才有属灵的。"②属血气的亚当如何能够勾勒出发生在耶稣身上的灵性的变化？马克安认为这种变化是通过异乡神实现的绝对的质的蜕变，耶稣的死而复活便是这种变化的见证。显然，按照马克安的理论可以推出属血气的身体不能得救因为他属于造物主而灵性的身体被异乡神重新赋予生命而能够得到拯救。但由于马克安认为异乡神是非物质的，所以死而复活也不是物质上的概念：那得救的是被转化和重构的灵③。肉体的死而复活并不是灵的转变，这种转变要求在人的构造中不留存任何东西而充满异乡神的一切本质。德尔图良认为异乡神对人类灵魂的占用是不合理的，因为人是他自身创造者的肖像。马克安对物质的

---

① 哥林多前书，15:49。
② 哥林多前书，15:45—46。
③ AM 5,10.3,p.473.

抛弃使得异乡神的全善受到质疑：既然肉体无法得到升华，那么全善的上帝也无法拯救完全的人；既然人的拯救是不完满的，那么又如何体现神的全善呢？

马克安主要是根据人与造物主的关系来界定人的。人的转变——从罪的律法中解放——完全不可能适用于处于审判中的人。德尔图良没有发觉马克安的人论还不如他自己的更像二元论：马克安拒绝承认人是一个"混合的存在"。造物主的创造确定了人的真正本性。而在上帝恩典中的他所是与他的本性没有任何关系：他没有办法通过肉体做任何事，他的智慧也没有办法帮助他获得从肉体到灵的转变。就本性而言人是灵的奴隶，而恩典使他成为新的创造物。马克安不太可能熟稔除保罗所表述的关于灵魂的哲学和伪哲学理论。德尔图良认为灵作为一种精神的活动生而有之；而马克安却将意志的活动等同于已知和未知神相对立的意图。他承认人的精神中存在一些升华的物质，但精神究竟是主动意义上的意志活动还是被动意义上的存在就不得而知了。不论是何种精神，它都无法参加它自身的拯救。

尽管无法认定马克安是否实际地区分了心智（nous）和意志，但他认为人的心智在造物主的律法笼罩下模糊不清（无知是律法之下的人所具有的必然属性），而意志虽然在某种程度上保持自由，却由于它依赖心智这种更高级的运转而使得自身的自由被削弱。这种人本性宿命论的论断在面对恩典的神迹时仍然为灵魂的超越提供了一定的空间。更重要的是启示能够驱散无知的迷雾并打破死亡的律法取决于存在能够接受启示的心智。但灵的转变的主动权仍然握在上帝手中，而最终与被拯救的人的意志没有关系。

对于肉体的死而复活,马克安有自己的理解。对人的拯救恰恰意味着从肉体的死亡中获得自由。肉体无法在新的创造物中获得一席之地。"属肉体的人不能得神的欢喜",[①]"血肉之体不能承受神的国,必朽坏的不能承受不朽坏的"[②]。人对神圣的启示并没有敌意,他只是对善无知,没有能力对启示进行回应。换句话说,因为马克安并没有假定罪是对全善的上帝的攻击,他也并不认为人类理智的恶行是犯罪的结果。人本性的无知仅仅意味着他在这个世界之中的历史处境,并不表示他能够理解启示的含义。

三、异乡神的耶稣(基督论)

马克安基督论最显著的特征是与他神学的目的即超验神的理念完全一致。他通过强调基督降临的突然性来证明他不是旧约预言中的弥赛亚。新约神与造物主所创造的悲惨世界没有任何联系,因此在它自己决定通过基督耶稣显现自身之前,任何人都无法知道它。上帝在自身中得到彰显的事实常常被认为是马克安形态论的标志[③]。

为了坚持上帝在耶稣中的启示是短暂的而非内在于它神性之中,马克安寄希望于帕克西亚(Praxeas)和撒伯里乌(Sabellius)等

----

① 罗马书,8:8。

② 哥林多前书,5:50。

③ 参考 E. C. Blackman, *Marcion and his Influence*, Wipf and stock Publishers, 1948, p. 98。

形态上帝一体论①者。即使马克安不承认上帝受难,但从他的基督论中仍不可避免地走向"圣父受苦说(Patripassianism)"的方向,因为异乡神是作为苦难的救主而暂时显现。在这种情况下,它顺从造物主的律法而真实的经历了死亡,而他的受难成为了整个人类的范例。尽管马克安的基督论运用了形态论的方法,但这并不足以说明马克安是一个形态论主义者。

事实上,将马克安的基督论归于形态论在时间顺序上似乎有些颠倒。根据沃尔夫冈(Wolfgang Bienert)对形态论的定义,马克安并没有将形态论作为主要的论题,因为他没有面对三位一体的问题。尽管布莱克曼(Blackman)将马克安归于形态论者,但他也提道:"马克安认为耶稣是上帝对这个世界显现的形式,但他同样认为,耶稣是唯一的形式,因为至上神能且仅能在耶稣中显现。"②马克安也许会说耶稣是上帝在这个世界显现的形态,但他同样会注明这是唯一的形态,超验神仅仅只在耶稣中显现。对他而言,耶稣的存在是保证独自施予爱的善神不只是一个幻想。

值得注意的是,马克安在这里如此强调并不是基于本体论的层面,而是为了明确神圣启示的排他性。当基督说:"除了圣父,没有人知道圣子,除了圣子也没有人知道圣父,圣子选择向

---

① 形态上帝一体论维护神绝对的独一性,认为圣父、圣子与圣灵这些名字虽然出于圣经,但指的是同一位神。神是独一的,却有三个不同的相继而来的自我显示形式。圣子与圣灵不过是圣父暂时的表现而已,没有它们自己的永恒地位。圣父自己成为肉身而在十字架上受难而死。

② E.C.Blackman, *Marcion and his Influence*, Wipf and stock Publishers, 1948, p.98.

人们显露圣父。"①

与其说马克安的基督论是形态主义,不如说是幻影说更为贴切。由于马克安拒绝承认童贞女生子而被古代基督宗教思想家们视为危险分子,并使爱任纽(Irenaeus)明确指出关于耶稣本质的观点以对抗那些"扭曲真理并轻视他的父和他的到来"的人。他认为耶稣以人的形态显现,而他本身没有真正的人的肉体。马克安如此主张并不奇怪,因为他的耶稣不可能与这个被创造的世界有任何联系,更不用说是从子宫中而来。马克安对肉体的厌恶使他偏向了幻影说,除此之外,他相信他在路加福音中找到了耶稣是幻象的证据②。波利卡普(polycarp)在写给腓利比人的信中提到马克安是幻影论者,而这一观点也得到了爱任纽支持。因此,根据最早的传统基督论,马克安的异端身份也是很容易识别的:他否认耶稣道成肉身,在谈到十字架上的见证时他也显得模棱两可。但很重要的一点是,波利卡普并没有说马克安否认耶稣在十字架上受难并死亡,而是认为他错误地理解了呈现在他面前的证据。我们从晚期的作者那里了解到马克安非常认真地对待耶稣受难的事实。德尔图良则怀疑既然耶稣没有承担真实的肉身,马克安是否真正相信上帝在十字架上受苦?③

在耶稣启示自身之前,无人知晓马克安的善神在哪里,它又在做什么。德尔图良发现了这个问题并嘲讽马克安为什么他的神要

① 路加福音,10:22(cf.Adv.Marc.IV.25,10)。

② 路加福音,4:30."(耶稣)他却从他们中直行,过去了。"

③ AM 2,27.7.

在如此久的等待后才显现①。事实上,马克安很难回答这个问题,因为他不像诺斯替主义者们设想造物主是从至上神流散出来之类的神话起源,他完全接受了新约所描述的神的启示。因此,马克安的善神并不是第一位神,他设想了两个终极神的存在,造物神先创造,而善神对创造的行为作出反应。

当时的基督教思想家或多或少都会受到这两种理论的影响②。因为在那个时代基督徒们大多是未受教育的民众,他们中的大多数人无法分辨耶稣和上帝之间具体的区别,认为二者的概念是可以相互替换的,即耶稣是上帝,上帝就是耶稣。而形态论和幻影说在当时也并未被教会正式定为异端学说,即使它们受到了伊格纳修的指责,但他指责的同时却在向罗马教会问安时使用"我们的上帝基督耶稣"的字眼。甚至在福音书中也加强这种联系:"我与父原为一。"③马克安的基督论只能说是一种不严密的基督论。"例如在父与子的位格表述中可以看出形态论的困惑。马克安主义者 Megethius 曾经说过,那至善的死成全了人类的救赎。"④后来的马克安主义者常常被归为撒伯里乌(Sabellians)之流。

同样,幻影说也不是马克安基督论特有的,而是那个时代一种

---

① Adv.Marc.I.17,4;I.22,4.

② 除了那些将耶稣视为逻各斯的智者(逻各斯的基督论也很容易演变为基督形态论)和试图用移涌的概念消除耶稣历史性存在的诺斯替主义者们。

③ 约翰福音,10:30。

④ E.C.Blackman, *Marcion and his Influence*, Wipf and stock Publishers, 1948,p.99.

流行的观点。即使保罗神学中也存在幻影说的元素，马克安很有可能受到了保罗的影响。而当时许多基督教思想家在强调耶稣本质中神圣的一面时都不可避免地倾向于幻影说的解释，例如巴拿巴书的作者。而诺斯替主义的基督论则是彻底的幻影说。他们区分了神圣的基督和人类的耶稣，前者暂时地统一在后者之中。而更为彻底的幻影说则直接拒绝承认耶稣肉体的真实存在。信经宣称耶稣是由"童贞女受孕而生"，一方面说明耶稣诞生的独一无二，另一方面则是强调耶稣的真实存在而反驳幻影说。有的幻影说支持者否定耶稣肉体的真实存在，而另一些则进一步从历史维度否定了救世主的存在。我们可以区分两种幻影说的形态。一种是基于希腊哲学形而上学观念的幻影说，另一种则是实践层面的，认为肉体是不洁净的，不能作为神性的载体。

很明显，马克安是后者的支持者。他对肉体的厌恶使得他无法忍受耶稣基督竟然是从人中而生并且还拥有人类的躯体。肉体的本质是粗俗的，不能成为神圣的居所。他用粗俗的语言表达了自己的不满和谴责①。救赎者是纯粹的灵魂，它在世界显现的肉体形态仅仅只是幻象而已。不可见的善神的实体是不可能在这个世界中显露的②。耶稣作为上帝的使者突然在公元 29 年出现：

---

①　AM 1,3.10－11.

②　根据德尔图良的说法（De Carne 3），马克安赞成神圣实体不可转移。而德尔图良认为如果耶稣仅仅只有一个虚幻的肉体，那么就意味着上帝在这个问题上欺骗了人类，而这是不可想象的。同时，耶稣也不会乐意拥有本不属于他的人类属性，因为这会使人们产生对他产生错误的信仰而导致在他内部形成一种分裂的位格，这是无法容忍的。马克安的观点则是耶稣的自我意识使他在这个问题上不为所动。

"在提比略在位的 15 年,基督耶稣作为一个拯救的灵魂从天而降。"①在这个问题上马克安的看法体现了诺斯替主义的观点,诸移涌从神圣的普累若麻那里下降到这个世界。但这和他的幻影说又不尽相同,因为这样就意味着他也不相信耶稣的出生和成长。对大多数诺斯替主义者而言,耶稣的受难比他的出生更棘手,因为这违背了神圣不可伤害的前提。但马克安的注意力更多地放在了处理否定耶稣出生的问题上,因为承认耶稣是受生的就意味着他属于造物主。

为了支持自己的理论,马克安只能诉诸新约的内容。他的对手很难判断耶稣的受难在马克安处是否只是表面的②,因为事实上他对十字架上的受难给予了相当高的评价,在他看来耶稣的身体并不是由物质构成的,因此耶稣也不只是一个灵魂。马克安在天使向亚伯拉罕显灵的故事中找到了证据。但德尔图良称如果马克安同意天使拥有肉体,为什么又不合逻辑地拒绝承认耶稣也如此呢?马克安在这里含混地将鸽子比作佛教的灵魂出窍进行解释。

我们没有足够的证据重构马克安关于耶稣位格的理论。也许他本人并没有完全想清楚这个问题或者没有清晰的描述。因为德尔图良在批判相关问题时只是将这种理论笼统的归为异端学说,并没有特别提到马克安的名字。

保罗的基督论认为耶稣是神圣的存在,是上帝本身。他是不

---

① AM 1,19.

② 德尔图良就曾讽刺马克安毫无逻辑性,一方面否认基督的诞生,一方面又承认十字架上的受难。(De Carne 5)

可见的上帝的形象。在罗马书第九章第五节中保罗说道:"列祖就是他们的祖宗,按肉体说,基督也是从他们出来的,他是在万有之上,永远可称颂的神。"而马克安显然无法容忍这段话,他拒绝承认从肉体之中来的耶稣竟和上帝同一。因此,马克安在编撰自己的圣经时,删去了罗马书第九章一整章①。这表明马克安至少对耶稣和上帝进行了粗略的区分。作为上帝通过肉身启示的样式,耶稣的实体性并不能表明他的肉体是被创造的,因为被创造的肉体属于造物主而这意味着耶稣本人属于造物主,那么造物主有权收回他所给予的生命。

马克安试图解决上帝与耶稣之间的关系问题,在他基督论的思想中,曾做过短暂的尝试对该问题进行解释,但在刚刚起步的时候就停止了。保罗并没有深入讨论这个问题,而马克安的尝试并不比保罗走得远。但他在救赎的问题上与保罗保持一致:那善的死亡成全了人的拯救②。很遗憾,马克安也没有很好的论述这个问题,也许是出于他对保罗的忠诚,使得他在接受保罗神学的同时也一并吸收了其中存在的矛盾。

当爱任纽和查仕丁(Justin martyr)认为道成肉身表明在创造和救赎的工作中存在一个神圣的目的时,马克安却认为耶稣的受难是人与创造者之间关系的写照:人对异乡神而言是陌生者,是造物主律法之下的受难者。在 Carmen adversusMarcionitas 中,诗人表达了他对于马克安观点的震惊:"如果耶稣并不是以色列的神

① 哈纳克:《论马克安:陌生上帝的福音》,朱雁冰译,北京:三联书店2007年版,第60页。

② AM 1,11.8.p.286.

派遣而来的,那么他为什么要到这片土地的这群人中来而不是去其他地方呢?"①这是一个合理的问题。如果马克安的基督耶稣与旧约神完全无关,为什么在所有民族中他选择了以色列? 更重要的是,为什么他只关注旧约神和它的律法?"他消除了先知和律法以及所有造物主的工作。"②爱任纽如此总结马克安的耶稣到来的目的,德尔图良和希坡律陀也赞成爱任纽的观点。

在摆脱了证明旧约预言中隐藏意义的负担之后,马克安得以强调神圣之爱和上帝目的一致性这两个仅仅在耶稣里被启示的主题。尽管他的基督论不够完善,但在这一点上却与保罗所宣扬的主题相当接近:人的拯救与在耶稣之中体现的上帝之爱相联系③。

不论马克安本人怀有多么坚定的基督教信仰,从他的理论很容易衍生出一个结论,即耶稣在这个世界的救赎行为也不具有完全的真实性,而这一点是很难为其辩护的。阿佩勒斯(Apelles)显然也意识到了这个困难并试图解释耶稣行为的真实性。他认为尽管耶稣不是以一种普遍的方式出生,但他却拥有由闪闪发光的实体构成的真实的肉体。

耶稣的死是马克安救恩论的中心。人类属于造物主的管辖,善神为了合理合法的将人从对造物主臣服的状态中解放出来,它必须以符合律法的方式将人们赎回。(用超验的力量直接将人们夺过来的方法显然不符合善神的本质。)马克安的基督论是他陌

---

① Carm.Adv.Marc.V.116-117.

② Adv.Haer.I.27,2.

③ 哥林多后书,13:4:"他因软弱被钉在十字架上,却因神的大能仍然活着。我们也是这样同他软弱,但因神向你们所显得大能,也必与他同活。"

生上帝观念的必然结果。耶稣代表上帝作为赎回人类所付出的代价。"我已经与基督同钉十字架,现在活着的,不再是我,乃是基督在我里面活着;并且我如今在肉身活着,是因信神的儿子而活,他是爱我,为我舍己。"①对马克安而言,救赎不仅仅只是从耶稣的复活中而来,同样也从他的死亡中产生。哈纳克在书中也谈到了马克安的基督论。耶稣的启示是全新的,他的降临是不可预见的。耶稣将在世界的终末进行审判,并从地狱中拯救许多人。马克安的这种想法是当时基督徒所普遍存在的观念。即使他强调那陌生上帝是至善的,它只向这个世界展现爱,却仍旧无法抛弃终极审判的概念,虽然他的审判不同于大多数人理解的肉体的审判。不论生者还是逝者都有获得救赎的机会是基督徒们普遍认同的观念。

尽管马克安的神学印记不同于公元 2 世纪的基督教,后者就其整体而言越来越偏离保罗的教导路线,但是不能因此认为马克安完全理解并遵从使徒保罗②。马克安对保罗的评价是否正确和客观,他是否彻底理解了保罗的理念等都是值得商榷的。

马克安的特别之处在于他强调只有那些反对造物主的人才能在耶稣的带领下走出地狱,而那些被造物主认定为正义的人却无法得到拯救。这也许是马克安所有理论中最偏离保罗神学的结论

---

① 加拉太书,2:20。

② 即使是哈纳克也承认,如果人们确信,马克安在高度重视罪与恩典、律法与福音、听命于律法与信仰方面,真正是保罗的门生,对此与他抱有同感,那么,在另一方面人们必须承认保罗的思考方式对于他始终是难以接近的。保罗在涉及最初和中级事物的思考方法完全是辩证的,而这个水平却是马克安所不可能理解和企及的。(哈纳克:《论马克安:陌生上帝的福音》,朱雁冰译,北京:三联书店 2007 年版,第 219 页。)

了。事实上,尽管马克安紧紧追随保罗,但并非整个神学都与保罗一致。下面将讨论马克安从保罗神学中发展出的自己的理论。

第三节　马克安的哲学特质
——背离保罗的二元论思想

一、罪与拯救的二元论

哈纳克相信马克安完全理解了保罗对律法和福音的根本区分并宣称这是马克安思想的起点。问题在于马克安区分律法与福音是否如保罗那样能够基于深刻的个人宗教经验,抑或是他仅仅是在学术上用自己的语言复述保罗的观点? 当哈纳克说:"马克安不单单继承了保罗的事业和斗争,而且也是以视图的信仰思想去做的;因为他只承认基督这个被钉在十字架者;他唯独在他身上看见了仁慈上帝的面容,他知道自己是怀着信仰和爱与这个充满慈善和怜悯的上帝不可分割地联系在一起,因为他知道他是通过基督得到赎罪和拯救的。留在他身后的是罪和世界,是训诫和律法,"①他的言语中透露出对马克安思想过于主观的重构。马克安对基督耶稣的敬畏以及他关于旧的律法和新的恩典的对照究竟是如保罗一般出于内心的信仰还是为了丰富他伦理学的内容是有待

---

① 哈纳克:《论马克安:陌生上帝的福音》,朱雁冰译,北京:三联书店2007年版,第216页。

考证的。冯·索登(Von Soden)认为,哈纳克将马克安的反题等同于保罗·路德关于信—行、律法—福音的对照是错误的。因为他没有考虑到"马克安的这个反题仅仅是将概念插入到两个神的神话的反题之中,因此是空洞和世俗的,并且在禁欲主义的基础上建立了一种新的律法。"①和保罗、奥古斯丁以及路德相比,马克安对罪的观念可是说是完全陌生的。

由于有关马克安的信息几乎完全来自于他的对手们,因此无法判断哈纳克和冯·索登各自的结论是否正确。哈纳克为了证明自己的结论,首先引用了德尔图良的论述:"马克安的至上和完满的善正是如此,即使没有任何因为相关而产生的义务,神也自愿自由的为陌生人费力:正如我们被要求爱我们的敌人,陌生人也属于此列。"②哈纳克认为这是证明马克安关于善的目的论的主要证据之一。马克安常常将回报的善行和出于纯粹的恩典和怜悯的救赎进行对比。然而,在哈纳克引用的这篇中并没有提到这样的对比。从一般意义上看,马克安救赎的观念更像是对善的机械的转化,在马克安的"信仰"中缺乏深刻的灵魂的内涵。

而在罪与拯救的论题中,马克安的理论也存在一个相似的肤浅之处。冯·索登认为马克安没有表示一丝因为罪而产生的懊悔和自责,因此他的救赎论是不堪一击的。马克安相信救赎的对象

---

① E.C.Blackman, *Marcion and his Influence*, Wipf and stock Publishers, 1948, pp.103-104.

② Tertullian, AM I,1.23. (I know they will object thatprimary and perfect goodness is precisely this, when without anyobligation of kinship it is willingly and liberally expended uponstrangers;1 just as we are ordered to love even our enemies, inwhich reckoning strangers are included.)

不仅不是旧约标榜的亚伯等正义之人,相反延伸到该隐之类的人这里,这个观点暗示了马克安的救赎论缺乏伦理和宗教的深度。它不同于我们在奥古斯丁或者路德那里找到的关于罪的真正的、深刻的描述。因为根据马克安的陈述,救赎是他二元神论的必然结果:如果一个神救了亚伯,另一个神必然拯救与亚伯对立的该隐。而该隐与亚伯之间、天堂与地狱之间的引申的道德差别却被避之不谈。马克安将人类的解放归于更高的神,而这位神所打开的枷锁与圣经中的描述不尽相同,这枷锁束缚的并非人类的灵魂而更多的是肉体。肉体的恶比灵魂的恶更可恶。相比较人类内心丑陋的情感,他更关注外在环境的悲惨和肮脏。对肉体的鄙夷是马克安体现信仰虔诚的特征。

莫尔认为传统的观念夸大了马克安对保罗的忠诚度。他认为马克安与使徒保罗唯一的相似之处就是耶稣的死成就了人类的救赎。尽管基督论是马克安思想中相当重要的一部分,但从解释耶稣之死就可以发现二者的本质区别。在这里无法全面的评价保罗的观点,但为了指出他与马克安的区别,可以从保罗认为"耶稣为我们的罪而死"(哥林多前书,15:3)开始。马克安在他的版本的哥林多前书中将这段话删去了。从马克安的人类学来看,耶稣是不会为着人类的罪而死的,因为人并不为自己的罪负责。除此之外,马克安的二元论神学并不承认罪与宽恕的关系,这二者并非是二元对立而是辩证的,它们假定了同一个神的前提。简单而言,一个人能够被原谅首先得承认他有罪,而这种情形的前提是对罪的谴责和宽恕来自于同一个主体,对保罗或者路德来说,这个主体很明显是新约和旧约中所提到的同一个神。而马克安区分了两个神,罪是对律法的违背,律法来自于旧约神,新约神消除律法,它无需原谅人们因违背律法而犯下的罪。因此,耶稣并不是为人们的罪而死,他的死是为了赎回(redeem)(Gal.3:13)。马克安强调赎回是为了证明耶稣以这种方式从旧约神那里获取了不属于自己的人类。尽管耶稣的行为直接与造物主对立,但它超出了善神自身纯粹的对立行为。因为造物主也对此进行了反击,它使耶稣最终在十字架上受难。善神的救赎出于它的恩赐和怜悯,正是至善使它决定拯救完全陌生的人类。

由于耶稣的救赎,马克安和他的追随者们对上帝之城充满了希望。然而在他们看来最终得到救赎的不是肉体,而是灵魂①。这一点也是马克安理论中比较存疑的地方。因为他认为肉体和灵魂都属于德牧革,既然如此,为什么相比较于肉体,灵魂有优先被救赎的权利呢?似乎只能用马克安对肉体的格外厌恶来解释这一点了。耶稣的救赎所带来的对上帝之城的期许才是马克安看到的真正改变。

哈纳克搜集的相关资料在这个问题上也无法提供更多的证明,尽管哈纳克本人相信马克安的信念,但他却无法给出充分的证据说明。"马克安正确地找到了一个问题的根源:耶稣从哪里赎回我们——从恶魔?从死亡?从罪?从悔恨?还是从肉体?他从创造物和造物主那里赎回我们,让我们成为一个全新的陌生的上帝的孩子。"②这是一段简短的结论,并没有具体的论证和说明。

---

① Adv.Haer.I.27,3,cf.also Adv.Marc.I.24,3.

② 哈纳克:《论马克安:陌生上帝的福音》,朱雁冰译,北京:三联书店2007年版,第43页脚注。

关于罪与拯救的论题马克安并没有详细论述,他的主张——人从这个世界被拯救因而在一个新的秩序中与一个全新的神相联结——仅仅只是一个主张,并不是来自于真正的深刻的宗教体验。布莱克曼认为,在这一点上,"无论如何努力,马克安的思想也是肤浅的,他无法感知宗教中最深沉的东西。他是二元论假说的奴隶,所有的事物都有对立的一面,不能感知人类体验本质和那些无法被严格归类的事物的微妙之处。他的性格决定了他适合做一个管理者,一个批评家,而不是一个预言家或神父。"①

整体而言,马克安的教导是符合保罗的教义的。保罗应当乐于接受马克安关于救赎的宗教观点:神给予,人接受。公元 2 世纪的基督教律法主义迫使保罗承认他与犹太基督徒之间的斗争几乎是徒然的,而他所做的工作需要不断地被后人实践,而马克安恰好是完成这一使命的人。不断增长的基督教多元主义使保罗对信仰的虔诚保持警惕,马克安无疑是忠实的基督徒,在他的系统里得以显现保罗迫切需要的单纯化(simplification)。因为马克安强调了基督教的一些根本教义使信徒们回归到他们宗教的本质中来。

但是马克安关于福音的其他解读却会令保罗感到恐惧,无论是幻影说、二元论还是对旧约的否定。尽管马克安宣称保罗是这些理论的引导者。他的幻影说建立在腓利比书 2:7② 的基础上。他只否认耶稣的出生以及具有实在的肉体,但十字架上的受难确实是完全真实的。马克安对旧约的态度以及二元神的观念很容易

---

① E.C.Blackman, *Marcion and his Influence*, Wipf and stock Publishers, 1948, p.106.

② 腓利比书,2:7"反倒虚己,取了奴仆的形象,成为人的样式。"

在保罗的教导中找到相关的支持。对保罗而言,即使是犹太基督徒,采取原有的律法施行方式也不合适了。"旧世已过,都变成新的了。"①"没有一个因行律法能在神面前称义"②,"律法本是外添的,叫过犯显多"③,"但我们既然在捆我们的律法上死了,现今就脱离了律法"④。在保罗书信中也曾提到对立的神。"此等不信之人被这世界的神弄瞎了心眼,不叫基督荣耀福音的光照着他们,基督本是神的像。"⑤同样,保罗的书信中经常出现灵与肉二元对立的概念,"他救了我们脱离黑暗的权势,把我们迁到他爱子的国里。"⑥但他避免使用二元论的解释以保证旧约内容的权威性。而马克安却认为这是对保罗真实思想的篡改,将这些内容删除了。对保罗而言,新约和旧约确实是两个契约,但和人类立约的却是同一个上帝。耶稣将引领人们进入全新的时代,但无论是启示还是救赎都发生在创造之后。整个过程可谓环环相扣,离开任何一步都不完整。当保罗描述这种关系时,他不得不采取隐喻的方式诉诸希伯来神学(例如罗马书第五章中关于第一和第二亚当的理论)。他也经常提到上帝神秘的智慧。马克安以及其他一些基督教思想家不能接受这种保持旧约与新约、律法与福音之间联系的方法。对一些不那么极端的基督徒而言,保罗试图统一新旧约的方法多少有些令人费解,但在马克安看来,根本没有必要维系新旧

---

① 哥林多后书,5:17。
② 罗马书,3:20。
③ 罗马书,5:20。
④ 罗马书,7:6。
⑤ 哥林多后书,4:4。
⑥ 歌罗西书,1:13。

约之间的联系。

尽管马克安的二元论异于基督教原初的精神,但它的确在某些方面基于保罗的解读,并且保罗的一些话语为这种解读提供了语境的支持,因此,相较于福音中记录的耶稣的教诲,马克安更容易在保罗的作品中找到支持他二元论的证据。

二、"信"的概念

我们所认知的马克安"信(faith)"的概念和哈纳克所展示的略有出入。作为一个保罗主义者,"信"应该是马克安思想的重点,但遗憾的是,在能够搜集到的资料中看不出来马克安思想系统对"信"的强调。当然,对他而言,任何事情都依赖于作为使者的基督耶稣和作为启示者和救赎者的上帝。"信"意味着使自己相信一个陌生者的仁慈,而这个陌生者只在耶稣的存在中显现自己,只在耶稣的工作中证明自己的爱。

在马克安对路加福音 7:36—50 的注释中不难发现他强调女人的"信"①,女人的信仰常常和血联系在一起,并认为这信仰是对律法的蔑视,而德尔图良则认为女人的信仰也是对律法的神的信仰。同样,在上帝帮助十个麻风病人的例子中马克安认为信就是同律法相对立。而这种观念是不符合保罗神学的概念的。

马克安的神学的起点来自于对耶稣带来的全新的、无与伦比的启示的信念。耶稣突然从另一个国度降临,并带来一个从未听

---

① AM,Tertullian,4.18.

说过的奇迹般的拯救的信息。他是一个未知上帝的使者,这个未知神怀着无限的怜悯之心将人们从这个悲惨而不完满的世界拯救出来,使他们逃脱那创造了这个世界的严苛的神。这才是马克安所相信的福音。马克安时常被他所信仰的福音感动到狂喜。在他的《反题》的开头,他就写道:"哦,不断的惊叹,狂喜,力量,神奇!我们不能用言语来形容这福音,不能去思考它,甚至不能将它比作任何事情。"这是马克安信仰的根基。他最常引用的经文不是保罗关于恩典或信仰的话语,而是路加福音中关于旧皮袋装新酒的寓言①。如果用现代的概念解读马克安的思想,可以表达为由于启示来自于超越时空的自发的力量,因此和这个时空的世界完全是断裂的。他怀着敬畏的心情像一个不可预期和全新的启示致敬。

福音不仅仅是新的,它也创造了一个全新的价值观。耶稣所带来的新的制度与造物主的旧制度全方位的对立。当耶稣降临此世,他拯救了该隐、所多玛人和那些被造物主抛弃的人并将他们纳入自己的王国,而亚伯和那些受到造物主恩惠的人则不在他的传教范围内。这是保罗主义无法接受的。

马克安对这种全新的前所未闻的福音的信念可能来自于保罗书信,但他解读的方式却并非保罗式的。"保罗关于律法与福音的反题被焊接在马克安的神学上,却用的是不同的金属。"②当然,马克安是绝对有资格被称为保罗的门徒的,因为他接纳并发扬了

① 路加福音,5:37。
② E.C.Blackman,*Marcion and his Influence*,Wipf and stock Publishers, 1948 p.110.

保罗的诸多理念,但他思想的根基却不同于保罗,或者说马克安自身对保罗有一套相当主观的解释。即使哈纳克也承认保罗的思维方式对马克安而言是相当陌生的。

三、犹太人的救世主:马克安的第二基督论

马克安不仅仅区分了两个神,他还区分了两个不同的救世主。一个出现在提比略时代,另一个则是造物主所许诺的,而后者显然不是耶稣基督。他根据自己对旧约圣经的直译认为造物主的基督仍将到来。造物主的基督将重新聚集散居在各地的犹太人,拯救他们脱离苦难的处境,重建以色列国。旧约的救世主正如先知们所预言的,是一个政治和军事领袖,由造物主拣选并将重建犹太王国,他还没有降临。造物主的指派弥赛亚拯救犹太人的行为是正义而非邪恶的,因此异乡神并不反对。(异乡神并不反对造物主的所有目的)这一点遭到了德尔图良的讽刺:"(按照马克安的《反题》)基督应当远离造物主,正如那至善的远离那审判的,如那仁慈的远离那残忍的,如那带来拯救的远离那导致灾祸的。而真实的情况却是马克安结合了两个他认为是不同属性的存在,而上帝也允许了这个共存。……你使你的上帝免遭一切刻薄的行为,甚至是造物主的敌意。"①尽管异乡神不赞成造物主的秩序,但它对造物主自身却很冷淡,它甚至不打算对仍要降临的基督设置任何障碍。

---

① AM 2,29,p.320.

　　马克安选择根据第二基督论强调以色列人的希望再次表明他对保罗神学思想的依赖程度。马克安并没有超越保罗对犹太人所怀有的矛盾的情感,他仅仅将犹太教作为在耶稣基督里显现的启示的支点。但能够引起马克安共鸣的是以色列人在造物主的统治下遭受了许多的苦难。由于盲目的猜疑,犹太人拒绝了为他们提供拯救的基督,而选择与祖先一起,等待那为他们重建政治王国的基督。毋庸置疑,在保罗提到的以色列人的反抗和无知中,马克安为自己的理论找到了支持……相对于犹太人而言,律法之外的外邦人拥有本质的优势,因为"上帝及其丰富的恩典并不只在犹太人或外邦人的体验中显示"。①

　　马克安的第二基督论是历史维度的:犹太人的基督将引领以色列的子民,使他们免于流离失所;而异乡人的基督却致力于拯救整个人类。犹太人的基督是以马内利(以赛亚书,8:14),他是一个战士和拯救者;他"在亚述王面前占据了大马士革的财宝和撒玛利亚的掳物"②。本质上他是造物主的儿子,是造物主的灵,是造物主的实体。但在旧约圣经中没有任何预言他将在十字架上受难而死亡。这是犹太人所期待的基督,也是造物主向以色列子民应许的基督。这使得无论是犹太人还是造物主都忽略了其他的拯救者。马克安强调这种无知。

　　第二基督论不仅仅宣称犹太人对弥赛亚的期许,同时也尝试免除犹太人对耶稣之死的责任。他们如何能够得知基督耶稣是来

---

　　①　罗马书,3:9,23,p.269;以弗所书,2:7,p.339;在这里马克安强调在异乡神的至善中,所有人都平等,不论是犹太人还是外邦人。

　　②　以赛亚书,8:4,p.1120。

将他们从造物主那里拯救出去的？耶稣之死的责任应当归咎于造物主，因为它蒙蔽了人们的心灵使他们无法认知更高的善，而只能一味遵守它的命令。基督耶稣为了全人类而来，他作为陌生者降临在犹太人中，因为他们在造物主可怕的威胁中遭受了许多的痛苦。如果他们知道耶稣来自于仁慈的神是为了将他们从律法中解脱，"他们就不会把荣耀的主钉在十字架上了"①。在马克安看来，这种无知同样也适用于那些杰出的使徒们，他们错误地将耶稣所传播的福音等同于旧约预言的实现。因此，马克安在他的基督论中，用"无知"来解释使徒们（除保罗外）错误职责，然而这并没有假定反犹太人的特征。相反，使徒们并不比其他任何人得到更多的启示，只有保罗（由于他特殊的体验）是唯一的例外。

马克安思想的传统解释往往强调他对旧约的拒绝和对造物主的攻击，而忽略了他思想中亲犹太人的因素。虽然马克安在保罗神学的基础上继续扩展，认为律法将要终结，而预言并非来自于福音所宣告的神。但他同样强调神对受造物的爱和原谅，而不是犹太人的反抗和冷酷。（事实上，犹太人认为遵从正义的律法比获得信仰的完满更重要的观念是救赎计划中的巨大阻碍，即使是保罗也不得不面对这样的困难。）"耶稣是律法的终结"并不意味着只有外邦人能够得到拯救，所有的以色列人也将得到拯救（罗马书，11:26）。

旧约的造物主同样也是犹太人的神，也仅仅只是犹太人的神。即使后来马克安主义衍生出三位神的体系，仍然保留了关于德牧

---

① 哥林多前书，2:8，p.293。

革和犹太神的定义①。然而许多现代思想家对马克安思想中的这个独特之处并不感兴趣。鲍尔（Bauer）是少数几个试图解释这一点的思想家之一。他在评价哈纳克的著作时指出，马克安的神学充满了两种不同的感情：一是对犹太教强烈的反感，二是对这个世界的厌恶。而这两种感情聚集在一起全部倾泻在旧约神中②。这并没有表明马克安对犹太人持否定态度，事实上马克安似乎有意避免与犹太人对立，他所指责的只是旧约中的神而不涉及旧约中其他的人物，即使是那些人物身上最为明显的弱点（大卫与Bathseba 私通，所罗门一夫多妻等）也没有受到他的攻击。犹太人从埃及人那里偷的金银容器也并不是他们自身的错而是旧约神命令他们做的。根据 Theodoret of Cyrus 的记载，马克安称犹太人的祖先和先知们为打破律法的人③。最能证明马克安对犹太人态度的是他关于基督耶稣进入地狱的描述。他认为耶稣进入地狱救出了该隐（Cain）、所多玛人（Sodomites）、埃及人和其他被造物主所谴责的人，然而他却没有拯救亚伯（Abel）、以诺（Enoch）、诺亚（Noah）和所有的犹太祖先和先知。也许有人认为他们没有跟随耶稣是因为他们坚持信仰自己的神。然而，爱任纽明确表明犹太祖先和先知们之所以没有跟随耶稣是因为他们的神经常试探他们，所以他们怀疑耶稣也是神对他们的又一次试探。换言之，他们并非因为信仰自己的神而拒绝接受耶稣的拯救，而是过去可怕的经历蒙蔽了他们的眼睛使他们失去了被救赎的希望。

① Cf. Adam. Dial. 1, 10; Pan. 42.3, 2.
② Bauer, *Review Harnack*, p.7.
③ Haer. fab. Com. XXIV, 41.

　　这里需要强调的是区分马克安对待犹太人和犹太派基督徒的不同态度。前者是亚伯拉罕的后代,是与造物主立约的子民,异乡神的仁慈首先降临于他们。他们在神圣之爱的神迹的感召下信仰并参与拯救。但他们与造物主之间的历史关系使他们无法认清自己的信仰,怀疑无条件恩典的启示。这并不表示犹太人排除在异乡神的应许之外。而犹太派基督徒则不同,他们拒绝福音并退到律法的保全之下,这种犹太化的错误虽然不能说是对耶稣福音的背叛,但他们作为基督徒向律法之下的人们宣扬基督耶稣全新的启示时,无疑是失败的。

　　马克安不赞同犹太化基督徒的作为不等于他反对犹太人。即使是他的反对者们也承认他思想中倾向于犹太人的痕迹。由于他拒绝用寓意释经来解释旧约对耶稣的预言,而相信旧约中所预言的犹太人的弥赛亚终将到来,被德尔图良指责:"和犹太人的错误结成了同盟,异端分子在弥赛亚的问题上接受了犹太人的指导,就像盲人帮助盲人,最终跌入同一条沟渠中。"①

　　马克安认真地学习了保罗的思想并且比同时代的绝大多数基督教思想家们思考的更为深刻。公元 2 世纪的正统基督徒们很少表现出对这个向异教徒宣教的使徒的敬意。对一些人而言,保罗甚至从未存在过。马克安和诺斯替主义者却怀着极大的热情解读保罗。马克安的出现,使基督教会在最初形成的重要时期不得不考虑保罗神学的重要性。他自己编撰的新约大规模的收入保罗书信并引为正典,这在某种程度也影响了教会在确定圣经最终版本

---

　　① AM 3,7.1.

时同样收录了保罗的书信。因此，即使马克安没有在他那个年代引发对保罗的崇拜，但在他的影响下，保罗的作品得到了重新的评估并且对后世起到了举足轻重的影响。

另一方面，教会批判马克安只注重保罗神学，而实际上除了保罗神学，基督教神学还有更广泛的基础，其他使徒和保罗的地位一样重要。教会将使徒马太和约翰所写的福音书纳入圣经，而马可所写的福音被认为是使徒彼得的回忆录①。不仅保罗的书信，彼得、约翰、雅各和犹大的书信也被归入正典。使徒意味着权威，教会通过确立圣经来强化这个概念，并拒绝如马克安一般仅仅将权威限定在一个使徒的范围之内。

然而，直至今天，仍有许多人相信保罗神学是对福音唯一正确的解读。他们认为正是保罗的努力基督教才能向整个世界传教并最终征服了世界；甚至可以说没有保罗基督教很有可能仍然只是犹太教的一个分支。这些观念或多或少都离不开马克安的贡献。而他强调保罗所表达的信息也在 1300 多年以后得到了新教改革者们以及随后的福音派的支持。

从历史发展的角度出发，就马克安所处的时代而言，他对保罗神学的热忱和专注是非常难得和有益的。值得注意的是，保罗神学并不是福音本身，而是对福音的一种解读。在公元 1 世纪后半叶它是唯一充分的圣经诠释，但后来释经学逐渐发展成为一门学

---

① 马可福音在公元 2 世纪时使用频率并不高，可能是因为它的绝大部分内容在其他福音中已经出现过。Blackman 认为正统教会之所以将它纳入新约正典可能是为了强调彼得的权威性，以此平衡在数量上占优势的保罗书信。

问,而在不同时期由不同的思想家提出各异的见解,保罗的诠释不再是最完满的。为了反驳马克安,正统神学家们试图通过回到保罗之前的福音或者至少保留福音的传统和保罗神学互补,以此确定基督教的根基。在这样的比较中才使我们有可能既从福音本身又从基督教的历史发展角度更全面的了解早期基督教。

第四章　马克安与诺斯替主义

　　除了保罗神学,与马克安的思想渊源最深的应该是诺斯替主义了。在基督宗教正史中被忽略的马克安,常常作为诺斯替主义的一个分支领袖而被学者们讨论。在比较马克安与诺斯替主义之前,首先需要明确诺斯替主义的内涵。诺斯替主义早期常常被认为是从基督教中衍生出来的一个极端派别,但是,随着1945年《拿戈玛第经集》的出土,诺斯替主义的历史远超乎学者们的设想,之所以在公元2世纪的教父哲学中被频繁提到,很可能是因为当时有一些基督教思想家受到了这种二元论的影响,并将其运用于阐释基督教教义。教会显然察觉到了这种教义解释学的危险性,于是加强了对诺斯替主义的批判并将其归于异端。在一些现代学者的眼中,马克安正是这个异端学说的代表人物之一。

　　然而事实上,最初马克安并没有被基督教护教士贴上诺斯替主义的标签。没有任何证据表明,马克安关于两个神的理论,如他同时代的最具代表性的诺斯替主义者瓦伦提诺(Valentinus)那般,是建立在宇宙二元论思想之上的。德尔图良甚至明确区分了瓦伦提诺和马克安。在《驳马克安》一书中,他从未使用过"灵知"这个术语来描述马克安的神学思想。而在后来才有学者将他归为诺斯替主义者。

爱任纽认为马克安是西门马古(Simon Magus)的诺斯替派继任者。而后来的学者根据他学说中的二元神论,幻影说和反宇宙二元论,便将他归于诺斯替主义的范畴。如约纳斯(Jonas)所言:"未知神与宇宙神相反对的观念、低级的压迫的创造主的观念以及由此产生的拯救观——依靠异在的原则从造物主的能量中解放出来——这些都是相当显著的诺斯替(灵知)主义特征,以至于在这个历史环境中,任何承认它们的人都应该算作是诺斯替(灵知)派"。① 即使是那些习惯于将马克安思想描述成具有灵知特征的学者也不得不强调将他的学说归类是一件困难的事情。麦可吉福(A.C.Mcgiffert)在对早期基督宗教的调研中提出马克安如一般的诺斯替主义者那样,在保罗的二元论中找到了自己的灵感:"正如犹太教和基督宗教之间的矛盾(antimony),在创世神和拯救神之间的矛盾也使他们中的大多数感到压力;有一些人坚持禁欲主义,而有一些人则主张放荡主义;他们认为救赎对那些没有被赋予灵性本质的人是不可能实现的;他们关于耶稣幻影说的理论以及将耶稣看成是前在的存在或永恒都是在弥补神与物质之间的差距;他们否定肉体的道成肉身并坚持永恒生命的纯粹的精神特征——所有这一切都与保罗的体系有关联,也许或多或少会被认为滥用

---

① 汉斯·约纳斯:《诺斯替宗教》,张新樟译,上海:上海三联书店2006年版,第128页。

或曲解了保罗关于律法与福音之间的关系、基督生命的本质和起源以及耶稣的位格和工作等理论。"①

第一节　诺斯替主义的二元论

从 19 世纪开始,针对马克安的研究主要倾向于将他纳入诺斯替主义的范畴,而 1921 年哈纳克专著的发表打断了这种思潮,哈纳克在论证马克安独立于诺斯替主义思想方面做了大量富有成效工作②。他称马克安为公元 2 世纪的路德,并肯定马克安在早期

---

① Cushman,McGiffert,*A History of Christianity in the Apostolic Age*,Nabu Press,2012,p.503.

② 哈纳克指出了马克安与诺斯替主义之间的 9 个共同之处:1. 拒绝《旧约》;2. 将上帝看成是未知者;3. 将创世者与至高上帝分离开来;4. 将上帝视为善者;5. 将创世者(=立法者)视为某一种中间的本质;6. 物质永恒的设想;7. 与基督有关的幻影论;8. 肉体不会复活的教义;9. 二元论的苦行原则。但他同样指出恰恰在这些教义中的亲缘关系表明,它们既不可能表述诺斯替主义的也不可能说明马克安的本质,因为:1. 在诺斯替主义中,宗教由灵知(Gnosis)决定的,而在马克安那里,决定着宗教的是对被钉上十字架的基督的信仰;在前者,集中了知识人的贵族阶层;而在后者,受屈辱的弟兄们是应召者。2. 在前者,于深渊和沉默之中进行统治的是不可称道的上帝,而在后者,上帝作为进行着统治;在前者,人的精神与至高上帝来源相近,在后者,至高上帝是绝对陌生者,通过拯救方才临近。3. 在前者有圣经以外的神话,在后者则没有此类东西。4. 在前者,关于灵魂(精神)的沉浮的教义是基本性的,后者则无此说;在前者,精神将返回它的家园,而在后者,异域应成为它的家园。5. 前者有视图的秘密传统,后者则无此传统。6. 在前者,坏者恒坏,在后者,坏者有资格得到拯救。7. 在前者,存在着神秘巫术,在后者则无此巫术。(参见哈纳克:《论马克安:陌生上帝的福音》,朱雁冰译,北京:三联书店 2007 年版,第 214—215 页脚注 326)

基督教会历史中所具有的重要地位,因此哈纳克将马克安的学说脱离一般诺斯替主义的范畴之外。尽管如此,他仍无法改变这种趋势。在随后的诺斯替主义研究中学者们仍倾向于在灵知的语境中探讨马克安的思想,马克安与诺斯替主义的关系似乎比哈纳克所承认的要更密切。直到最近仍有一些学者试图反驳哈纳克为马克安思想的原创性所作的辩护。比安奇(Bianchi)响应约纳斯的结论,在马克安区别异乡神的领域和造物主的物质世界时,他认为马克安主义者充满了对肉体的鄙夷并因此将灵魂的拯救看得相当重要。比安奇不断强调灵—肉二元论对马克安的影响,认为他以此主张自己神学中的灵知主题。同样,阿兰德(Aland)也总结了马克安与诺斯替主义之间的三个相同特质:"1. 造物主和异乡神之间明显的区别;2. 从世界中拯救的观念;3. 对旧约的评价和使用。"①

然而,所有这些主题和特征,哈纳克和他的支持者们都考虑过。而当代学者的这些重新考证并没有从根本上解决马克安思想来源的问题。

在这个问题上,布莱克曼(E.C.Blackman)的论调则相当具有代表性,他认为:"诺斯替主义体系具有广泛的吸引力,因为它们的新颖性和普遍性。许多基督徒因此相信基督宗教对全人类而言是一种全新的救赎方式,他们倾向于认为基督宗教的教条和组织应遵守这种模式。从这个角度看……马克安对犹太教的态度源于

---

① B.Aland,*Marcion, Versuch einer neuen Interpretation*, ZTK 70(1973), 420-47, p.156.

他对历史的批判,这种批判将其归入诺斯替主义者。这种态度最终促使教会将马克安视为异端。"①这种观点与约纳斯的结论一致:"不只是就分门别类的角度而言,而是就宽泛的诺斯替(灵知)观念确实重塑了他的思想的这个意义上而言"②,马克安思想所有的原创性都来自诺斯替主义。

　　必须承认的是,马克安的确具备了诸如二元神论,幻影说和反宇宙二元论等诺斯替主义的特质,但因此称其为诺斯替主义者未免武断,在比较二者思想异同之前首先需要分析诺斯替主义和马克安各自的思想特征。

一、诺斯替主义的起源与发展

　　灵知或诺斯替主义是一个现代术语,学者们用其指代具有某些相同特质的宗教思潮,在 20 世纪 50 年代之前,大多数基督教哲学家③都将诺斯替主义看作是公元 2 世纪和 3 世纪早期或在基督教内部或在基督教外部围绕基督教教义而形成的与希腊化神学或宗教哲学相关的诸多思想派别的总称。这种现代早期的定义与教父时期基督宗教作家笔下的诺斯替主义并不一致。但这种定义已

---

　　①　E. C. Blackman, *Marcion and His Influence*, Oregon: Wipf and Stock Publishers, 2004, p.125.

　　②　约纳斯:《诺斯替宗教》,张新樟译,上海:上海三联书店 2006 年版,第 128 页。

　　③　比如哈纳克,他认为诺斯替主义者在本质上是基督教哲学家,这与他没见到拿戈玛第文集出土有关。哈纳克的观点现在看来显然是值得商榷的。

经根深蒂固很难被改变。事实上,在早期被爱任纽及他同时期的其他护教士们所强烈攻击的诺斯替主义思想并不是他们那个时代的新兴产物,而是对某些可以追溯至前基督教时代的宗教融合思想的改造。这种宗教融合是在希腊古典宗教哲学与古代东方宗教文化激烈碰撞之下所产生的火花。这种融合不容忽视。值得注意的是,尽管诺斯替主义在这样的背景下形成,却并不意味着它属于这个大融合中的某种具体的学派及宗教或者具有相关的特质。

在诺斯替主义体系中体现的东方宗教的特点也不能简单的作为证明诺斯替主义是一个较低级的理论形态。无论最早的诺斯替主义者是从何种宗教或哲学中获得灵感,在其发展中,大多数诺斯替派并没有局限在其中,他们拥有自己的神话传统,用神话的形式阐述了一个全新的以"灵知"为基础的思想体系。

费伊(De Faye)和哈纳克所持的观点类似,他认为诺斯替主义起源于公元 120 年左右,在此之前都属于孕育期,并未显现。他推测马克安是诺斯替主义者中的一员,尽管他同样认为诺斯替主义的领导者们——巴西利德(Basilides)、瓦伦提诺(Valentinus)和马克安的思想是相当具有原创性的。他避免给诺斯替主义下一个空洞和宽泛的定义,因此采取多元化的方式进行描述。然而,费伊也和主流观念一样认为虽然不同诺斯替主义的派别侧重点不同,但它们仍然具有一些共同的根本的特质。他归纳为:(1)信仰灵知,即神的知识,而不是普通的关于自然事物的知识;(2)渴望救赎;(3)苦行主义。费伊认为这是诺斯替主义与公元 2 世纪文化的共同特征,相信一个至高无上的超验的神存在;相信这个世界有一个次于超验神并与它相对的神或者恶魔存在;相信至上神与世界之间存在着某种媒介。

保罗·强生(Paul Johnson)并没有就诺斯替主义与基督教孰先孰后给出明确的结论,只是认为二者具有相似性,因此诺斯替主义试图将基督教作为载体传扬自己的理念①。

在试图归纳诺斯替主义的基本特质之前,首先需要厘清的是诺斯替主义研究的历史发展过程。《拿戈·玛第经集》②(The Nag Hammadi Library)的出土可谓是诺斯替主义研究的一个分水岭。自它之后,学者们更多地偏向于认为诺斯替主义产生于基督宗教之前。而此之前,最早系统的研究诺斯替主义的应该是以图宾根大学的新教思想家和教会历史学家鲍尔(Ferdinand Christian

---

① "没有人能给诺斯替主义一个充分的定义或者是证明诺斯替主义究竟是先于基督教存在还是从基督教中产生。可以肯定的是诺斯替派与基督教同时传播:二者都是在一般宗教的潜移默化影响下形成的。诺斯替主义有两个根本的前提:相信存在真理的密码,这密码通过语言或者神秘的文字传达出来。诺斯替主义是一个'知识宗教'——这正是灵知的意义——宣称生命具有内在的解释。因此诺斯替主义其实是灵性的寄生物,他们将其他宗教作为载体。而基督教正好非常适合扮演这个角色。基督教有神秘的建立者——耶稣,他恰好消失并留下了一些语录而他的追随者们负责传播。当然除了公开的语录,还有一些'秘密的'话语,通过诺斯替主义者们一代接一代传承。因此,诺斯替主义群体抓住了基督教的某些片段,但却试图切断它的历史渊源。他们试图希腊化它,……他们的伦理不断变化很难掌握:有时候他们主张极端禁欲有时候又极度狂野,因此有些诺斯替主义派别运用保罗对律法的指责来宣扬完全的纵欲。"(Paul Johnson, A History of Christianity, London:Penguin,1988,p.45)

② 《拿戈玛第经集》是指一批于1945年在上埃及地区的拿戈玛第所发现的一系列莎草纸翻页书。这批翻页书总共有五十多篇不同的文章,大多数都属于早期基督教的诺斯底教派的经书。(来源于维基百科,"拿戈玛第经集"词条)

Baur)为代表。1827年,鲍尔完成关于诺斯替主义者的基督教(the Christianity of the Gnostics)的博士论文。1835年,他出版的专著《基督教的诺斯:或者其历史发展中的基督教宗教哲学》(*Die Christliche Gnosis oder die christliche Religions-Philosophie in ihrergeschichtlichenEntwicklung*)被认为是诺斯替主义研究史上具有开创意义的代表作。"作为黑格尔主义者的鲍尔认为,'灵知'的概念是基督教哲学的开端,此宗教哲学经由伯麦、谢林、施莱尔马赫,到黑格尔发展至顶峰,也就是说,德意志唯心主义是某种形式的诺斯替主义。在这个阶段,研究者主要把诺斯替主义当作一种哲学来看待,从而致力于探究诺斯替主义的思索体系及其起源。这种研究思路主宰了19世纪的诺斯替主义研究。"[1]

而从哈纳克开始,对诺斯替主义的研究开始转向历史的维度。作为教会史学家的哈纳克将诺斯替主义纳入基督教发展史的框架之中,将其看作早期基督教的异端之一。哈纳克认为,诺斯替主义将希腊哲学融入基督教教义之中,是"最早的基督教神学家",但这种融入错误地理解了基督教所包含的信息,因此是"基督教的急性希腊化"。[2]

随着宗教史研究学派的兴起,诺斯替主义开始在其他宗教的背景下被考察。其主要的代表,来自德国的新约学者布塞特(Wilhelm Bousset)认为,诺斯替主义早于基督教是不证自明的,并且试图从东方宗教那里找到诺斯替主义的渊源。认他为诺斯替主义起

---

[1] 李思源:《什么是诺斯替主义:从其神话体系的宇宙论和人类学观之》,《信仰网刊》2003年第5期。

[2] Adolf Von Harnack,*History of Dogma*;New York,1961,p.228.

源于波斯,"它有自己的根源,……不能把它当作是基督教的旁枝或副产品"①。"布塞特这种思路被后来的赖岑施泰因(Richard Reitzenstein)和维登格伦(Geo Widengren)等人所推进。赖岑施泰因的《希腊化的神秘宗教》(*The Hellenistic Mystery-religion*)认为,诺斯替主义源自东方,其核心在于'伊朗的拯救奥秘'(an Iranian mystery of salvation)。具体而言,他强调上帝和灵魂同一的奥秘源自波斯,早于基督教,在摩尼教和曼达派中有着最纯粹的表达;而且,这奥秘对古代晚期的神秘宗教也有着重大的影响。"②随着拿戈玛第文集的出土,诺斯替主义研究者有了第一手资料,以约纳斯为代表的学者开始着手研究诺斯替主义的本质。他运用哲学的方法,将古代诺斯替主义和现代存在主义置于互为解释、互为锁匙的境遇中。按照约纳斯自己的说法,他试图理解诺斯替主义的精神,从而找到作为一个整体的诺斯替主义的本质。在约纳斯看来,对诺斯替主义的哲学式研究可以直面人类对其困境一个更为激进的答案,直面唯有这种极端处境才能产生的洞见,从而增进人类的理解。

关于诺斯替主义的本质和渊源,以往的研究沉溺于繁琐的资料探究和文献分析而未能给出令人满意的回答。约纳斯的尝试不仅回应了宗教史研究学派所提出的诺斯替主义与古代晚期其他宗教的关系问题,而且第一次给出了关于诺斯替主义及其思索体系

① W.Bousset,*Kyrios Christos:A History of the Belief in Christ from the Beginnings of Christianity to Irenaeus*;Nashville:Abingdon Press,1970,p.245.
② 李思源:《什么是诺斯替主义:从其神话体系的宇宙论和人类学观之》,《信仰网刊》2003年第5期。

的全面概述。《拿戈玛第文集》中分别记载了基督教和非基督教的诺斯替主义文献,这些证据不但表明诺斯替主义不仅仅只是基督教内部衍生出来的派别,而且,通过这些文献,还可以看到诺斯替主义与犹太教传统之间也存在一些显而易见的联系,例如大多数诺斯替主义学派的创始人都是犹太人。① 弗雷德兰德尔(M. Friedlander)就认为犹太教是诺斯替主义的发源地。

在诺斯替主义的经典文献中,神话一直是其主要的表达方式。"诺斯替主义的一系列共同特征可以总结为:人心中起源于神圣国度的神圣火花,命中注定堕入这个世界,生生死死,为了最终与神圣国度重新结合,神圣火花需要被与自身相对应的神圣部分唤醒。与其他神性降落(devolution)的概念相比,诺斯替主义的这一观点在本体论上基于神性的向下运动,而这神性的外延(常常被称为索菲亚或伊诺)屈于命运进入某种危机并创造——即使仅仅是间接的——这个世界,并且无法回头,因为它必须重新找到在神性下降和上升的双重运动中所呈现的普纽玛,这个概念来自于摩尼教的背景。"②

对诺斯替主义者而言,相对于信仰的神学表达和理性的哲学表达,他们更倾向于用神话的方式述说他们的宗教理念。不同的诺斯替主义者所构建的神话体系也不尽相同。但在众多的

---

① 参见章雪富:《基督教的柏拉图主义:亚历山大里亚学派的逻各斯基督论》,北京:中国社会科学出版社 2012 年版,第 23—43 页。

② Ugo Bianchi, *The Origins of Gnosticism: Colloquium of Messina*, 13–18 April 1966. Texts and Discussions. Michael Allen Williams, *Rethinking Gnosticism: An Argument for Dismantling a Dubious Category*, Princeton: Princeton University Press, 1999, p.27.

神话体系中,约纳斯总结了两种基本的形式:第一种是叙利亚—埃及式,诺斯替主义的大多数神话体系都属于这个分支,比如瓦伦廷派的神话;第二种是伊朗式的,以摩尼教神话为代表。两种类别都承认形而上学的二元处境:神与世界、世界与人、灵与肉的分裂。

相对前者而言,伊朗式神话直接借鉴了琐罗亚斯德教的传统,以一种外在的二元对立开始。主张一种平衡的二元论:善(光明)与恶(黑暗)两个根本原则相互对立,而且力量相等。一开始,光明和黑暗根本对立,当光明散播到黑暗所掌管的领域,部分的光明被妒忌的黑暗夺取了。最终,光明战胜了黑暗,被拘禁的光明得到释放或救赎,回到了全新的光明领域,黑暗领域也不复存在。这是"二元论前景中的一元论"(monism in the foreground of dualism)。而叙利亚—埃及式的神话则是从神的内部产生的二元分裂,"把二元状态本身以及随之而来的神在创造体系之中的困境,追溯到一个不可分的存在之源泉中去——通过人格化的神圣状态之依次演进的系谱,描写了原始光明逐步在罪、谬误与失败中变暗的过程。这种内在神明的退化过程以完全的自我异化的堕落而告终,其结果就形成了这个世界"①,这是"一元论背景下的二元论"(dualism on a monistic background)。

本书所讨论的诺斯替主将以叙利亚—埃及式的神话体系为主,在此基础上阐述诺斯替主义的一些基本而普遍的要义。

① 汉斯·约纳斯:《诺斯替宗教》,张新樟译,上海:上海三联书店2006年版,第218页。

二、诺斯替主义的基本特质

灵知是拯救的关键

"灵知"一词来源于希腊文"Gnosis",意为知识。然而"灵知"并不同于希腊哲学所指的经由理性所获得的对象。灵知,顾名思义,是关于灵的知识,在诺斯替主义的语境下,灵知首先指关于神的知识,这种知识无法通过人的自然理性获得,因为"神是绝对的超越世俗的,他的性质是与宇宙相异的,神既不创造也不通知宇宙,他完全是宇宙的对立面。"①而人获取灵知的唯一方式是启示。神通过启示将信息传递给人,启示的奥秘无法用人类理性进行论证,人在神秘的个人经验或感悟中拥有了关于神的知识。这种知识是人得到拯救的根本途径。

"那不可言说、不可见的能量的奥秘不能通过那可见的与会腐朽的创造物来施行;那不可思议、非物质性的、超越感知的存在也不能通过有形体的与可感知的对象来表现。这说明那不可言说的伟大的知识本身就是完满的救赎。由于从无知中流溢的缺陷和激情,使得由此而形成的整个物质都被知识所摧毁;因此,知识是内在人的拯救。这并不是肉体的拯救,因为肉体是可腐朽的;也不是灵魂的拯救,因为灵魂(animal soul)是缺陷的产物;而是灵(spirit)的拯救,因为灵是它的居所。因此这拯救必须是灵性的。……这才是真

---

① 汉斯·约纳斯:《诺斯替宗教》,张新樟译,上海:上海三联书店2006 年版,第 37 页。

正的拯救。"①瓦伦提诺认为,灵知是对宇宙灵性本质的洞见,是对
pneumatics② 的拯救。灵与肉的二元对立在这里展现的一览无遗,
那么灵为何要借住在这肮脏而腐朽的肉体中,而肉体又是从何而
来呢？诺斯替主义者建立了独特的创世说。

德牧革（Demiurge）

在诺斯替主义的神话体系中,德牧革是一个低等、无知、暴躁
而又自大的掌权者。他的母亲苏菲亚（Sophia）是构成普累若麻③
的诸移涌④（aeons,又译神体）之一,苏菲亚—智慧是一对最高层
的移涌,由于苏菲亚孕育了德牧革这个怪物而堕落,她感到万分懊
悔,因为自己具有神圣的完满性（fullness）,是属灵的存在。于是
苏菲亚将德牧革放逐,以至于德牧革从未见过自己的母亲,他被孤
立因而无法察觉普累若麻的存在,他对高于他的一切一无所知,认
为自己是这个世界的掌权者,创造并掌管着这个世界的物质实体,
他因此变得狂妄自大。"他说：'我是上帝,除我以外别无上
帝。'"⑤苏菲亚在此时显灵,驳斥了他的狂妄。在意识到存在高
于自己的力量时,德牧革感到沮丧,于是决定按照自己的形象创造
人。然而由于缺乏力量,使人无法成活,他只有将从他母亲那里偷

---

① Irenaeus, *Against Heresies*, V1, 21.4, pp.57-58.诺斯替主义认为人有
三个层面:肉体,灵魂（精神）和灵性,灵知的拯救只在灵性的层面。
② Pneumatics:那些在灵层面的东西。
③ Pleroma:希腊文,意为丰满（fullness）,是移涌的神圣范畴,是超越
于被创造的物质世界之上的灵的世界。它充满了从终极上帝那里流溢出的
存在。
④ Aeons:从神性中流溢出的在普累若麻之中的存在,经常成对出现。
⑤ 《〈灵知派经典〉之约翰密传》,杨克勤译,上海:华东师范大学出版
社 2008 年版,第 119 页。

来的普累若麻注入人之中,才得以创造出人。于是,人拥有了德牧革所没有的灵,使得生命在其开端便与这个物质的世界格格不入,灵的属性驱使人们产生离开掌权者而回归普累若麻的动力。人与世界,世界与神之间的二元对立就这样产生了。

宇宙是囚禁人的牢房

在人、世界和神之间的三角关系中,构成了两个相互对立的二元关系。在神与世界的对立之中,神处在灵性层面的光明世界中,世界则在物质的黑暗世界之中。而在人与世界的对立之中,根据诺斯替主义的观念,人是由肉体、灵魂(二者均属于德牧革的创造)和灵(属于神的流溢)构成,由于人具有光明世界和黑暗世界的双重根源,灵被囚禁在肉体和灵魂之中,处于无知的状态。虽然人与神实际上是内在统一的,但世界在人—神之间形成了一道巨大的屏障。"宇宙就像一个巨大的监狱,而地球则是它最里层的牢房,是人类生活的场所。"[1]人在这个世界中感到孤独和陌生,无法找到归属感,想要逃离却又不知逃向何处。唯有通过灵知的启示,才能唤醒被束缚的灵,使其挣脱肉体和灵魂的牢笼,认识到神的存在。

任何一个熟悉公元 2 世纪宗教氛围的人在阅读有关马克安思想的著作时都会联想到诺斯替主义的特质。因此,关于马克安与诺斯替主义之间关系的问题一直是那些研究他的学者们争议的焦点。从前面的对诺斯替主义的分析不难发现其内容相当复杂,除了一系列宏大的神话体系,它还吸收了古希腊哲学的精髓,以形而

---

① 张新樟:《诺斯与拯救》,北京:三联书店 2005 年版,第 247 页。

上学的方式寻求被拯救的可能性。并且在其发展中不断的结合同时代的宗教哲学元素,形成各种独立的分支,因此比较马克安与诺斯替主义并非易事。从认为他与诺斯替主义毫无关系到认为他本质上受到诺斯替主义影响,学者们无法达成统一意见。根据马克斯基(Christoph Markschies)提供的类型模式,可以总结出诺斯替主义的八个特质①。这八个特质我们将在论述马克安的理论后逐一对比,并找出之间的联系与区别。

第二节　马克安的二元论

进入马克安二元论哲学之前,必须承认的是重新完整的架构他的哲学框架是一件相当困难的事情。原因如下:首先,即使那些最有可能重构他思想的最详细的资料也不是出自于他本人的第一手资料,而是来自于不同教父们的阐述,即便是最早的、最客观的资料也是具有批判性的,这些资料无法还原马克安完整的神学思想,而只能够为他的基本神学主题和整体结构提供线索;其次,后期关于马克安的争论对于研究马克安思想已经没有太多的历史可信度了。因为这些争论普遍基于流变后的马克安主义或早期反马克安的争论。而这些论述离真实的马克安思想距离多远,实在很难判断,唯有尽可能多地比较各家观点,以

---

① 参见 Christopher Markschies, Gnosis: An Introduction, tr. John Bowden, London: T&T Clark, 2003, pp.16-17。

期勾画出马克安思想的大致轮廓。

一、争议的二元论起源

马克安的二元论既是他最具代表性的神学思想,同时也是最受争议的观念。他究竟是如何形成自己独具特色的二元论思想一直是学者们感兴趣的论题之一。在第一章中已经讨论过哲学和宗教因素可能对马克安所产生的影响。事实上,不仅是现代学者们企图将马克安二元论的来源归与伊朗派、犹太教的宇宙论、诺斯替主义,甚至是柏拉图、恩培多克勒和伊壁鸠鲁的哲学,这种尝试早在教父时期的基督教护教士那里就已经开始了。

爱任纽认为马克安接受并发扬了西门马古的思想体系,"律法和先知们所显现的神并不是基督耶稣之父",并在后来深受塞尔多的影响。根据爱任纽所言,塞尔多的次位神,即旧约中宣称的造物主是公义的($\delta\iota'\kappa\alpha\iota o\varsigma$)而非恶($\kappa\alpha\kappa o'\varsigma$)的。马克安假定存在两个神,它们"彼此相隔无限的距离",这种用空间的隐喻来象征德牧革与普累若麻之间的分别是诺斯替主义神学的常用表达,马克安也因此被归为诺斯替主义的范畴,然而他并没有将宇宙空间人格化强调宇宙的恶魔的特质。两个神之间无限的距离只是为了强调作为全善的异乡神和被律法和先知称为神的宇宙创造者之间质的相异性。

鲁多(Rhodo)指出马克安引入了两个原则作为简单的解释事物分裂的方法;亚历山大的克莱门特(Clement of Alexandria)则将马克安主义看作是对柏拉图、毕达哥拉斯和基督哲学的误读;德尔图良认为马克安受到了伊壁鸠鲁的影响,并试图将马克安的二元论与斯多葛学派、希腊和波斯哲学甚至是密特拉宗教联系在一起;希坡律陀(Hippolytus)则把马克安的教义和恩培多克勒联系在一起。在护教士的传统中,他们倾向于认为马克安的思想不过是用吸引人的外表伪装得很好的一种新哲学。而哲学并不被当时的基督教世界所青睐。诚如德尔图良在《反异端之对策》(*Prescription against Heretics*)中所宣称的,哲学是所有异端学说的起源:"异教本身都来源于哲学。马克安的更好的神的观念来自于哲学,他从斯多葛学派那里得到灵感。灵魂死亡的观念是从伊壁鸠鲁那里获得的;而否认身体的回归则是诸多哲学家们的强调的;被造的物质与神等同是芝诺的思想;而那些宣称触摸到一个火之神,显然赫拉克利特出现了。同样的主题被异端者和哲学家们不断的讨论;涉及同样的论证。恶从哪里来?——为什么它被允许?——人的起源是什么?……"作为第一个拉丁教父,德尔图良用他激情的辩护方式拒绝哲学,他认为基督教信仰与哲学思考是完全对立的。他也因此嘲讽和抨击马克安思想中的哲学成分。

二、造物主与异乡上帝

马克安的二元神论是否如德尔图良所言源于对恶的问题的回应尚存争议,在《驳马克安》一书中并没有明显的证据表明马克安过于关注恶的起源,而他的二元神论也并不是对恶的问题的简单解答。哈纳克就不赞同这种神正论的起源,他认为马克安忠实于圣经,两个神的概念完全是对"新旧约间的不一致"的解释。无论何种观点,马克安思想的圣经渊源是毋庸置疑的。律法与恩典这对反题正是基于路加福音 6.43 所言:"没有好树结坏果子,也没有坏树结好果子。"然而,马克安所信仰的圣经并非正统基督教通常使用的圣经。他将圣经文本与保罗的教诲对照结合,认为二者能够相互印证才是真正的福音。并根据自己的分析得出异乡神存在的结论。和瓦伦提诺一样,马克安在路加福音中找到了支持他未知神理论的证据:"(耶稣说)父啊,你将这些事瞒住了智慧及明达的人……我父将一切都交给我,除了父,没有一个认识子是谁,除了子及子所愿启示的人外,也没有一个认识父是谁的。"①福音书中的记载与保罗关于启示的论述相一致。保罗认为启示是一个被揭示的神迹,在被揭示之前它是未知的,即使对造物主而言也一样。因此,马克安明确区分了两个神,旧的和新的,已知的和未知的,嫉妒的和善的,审判者和拯救者。这种本体论区分的基础,并不如德尔图良所言是基于形而上学的理论,而是基于历史启示的证据。在异乡神的启示后,造物主和它的正义不再具有绝对的价值,而只能以一种全新的标准进行认知。曾经在律法之下的人将造物主的律法视为善,而异乡神的出现使人们对之前善的定义发生了改变。

根据马克安解释圣经的方法,造物神的形象完全出自于旧约圣经。对马克安而言,究竟是什么使得他相信造物主这个他如此厌恶的恶神就是犹太人的神呢? 他的回答是:旧约中所记载的。而这个旧约神具有如下特质。

① 路加福音,10:21—22。

首先,旧约中所描述的神是这个世界的创造者。而正是这一点使马克安相当憎恶它。除了圣经的传统,马克安思想的前提是他对这个世界的憎恶与反感,他甚至拒绝发展人类的延续。这种不理智的厌恶一直在马克安主义的思潮中有所体现。在意识到世界是一个可怕的地方之后,马克安需要找到导致这种状态的罪魁祸首,毫无疑问这只能是造物主的错误,因为它甚至承认:"我创造了恶"。① 根据马克安的论述,正是造物主的本质——那吹向人的灵——要为人类恶的行为负责②。尽管无法确定马克安的思想是否一直如此激进,但他应该是基督教历史上第一个试图从人义论(anthropodicy)角度论述的人。

马克安认为制定律法是造物神为了消除自己错误行为的一种补偿方式,因此律法本身也是邪恶的。他不仅在旧约中找到了证据,同时在使徒保罗的教导中也得出了这个结论。尤其是他的《致罗马人书》中提到(3:20;4:15;5:20.),马克安相信在神制定律法之前世界上是没有恶的。关于这个问题,奥利金(Origen)曾经明确指出根据《使徒行传》(Apostle),罪并非出自于律法,但律法让人们有了罪的概念。旧约神不仅仅是由于他的恶的动机才赋予人类律法,它还将人类无法承担的负担给了人类,德尔图良试图通过指出人类的力量和自由意志来拒绝这个负担。由于造物主在脆弱的状态下创造了人,因此很明显人没有能力遵守律法,这同时再一次证明律法的制定导致了罪的不断增加。

---

① Isa.45:7;cf.Adv.Marc.I.2,2.
② Cf.Adv.Marc.II.9,1.

除了制定律法之外,造物神还扮演着审判者的角色。"如果他是一个真正的法官,他是正义的。"①马克安认为旧约神是一个残暴的法官,它为人们制定了不可能遵守的律法,使人被动地违反律法,而又因为人们的违背而审判他们。

在讨论了旧约神的诸多属性后,马克安指出它缺乏作为一个真正的神圣存在的所有特质,因为它有许多的弱点:(1)它变幻莫测,一开始拣选了人类而又在后来抛弃他们;(2)它感到懊悔;(3)它缺乏全知;(4)它的命令是前后矛盾的。他由此推论必然存在另一个全知全善的拯救神。

查仕丁没有区分马克安思想究竟是基于圣经还是希腊哲学,他认为马克安的二元神论源于其对一个高级神和低级神的区分,具体体现在一个创造神和一个做更伟大工作的神之间的差异。正如宇宙创造者的恶在律法和先知的教诲中体现,异乡神的善在他拯救的行为中的到证明,这种行为在基督耶稣中显现,"那从高于创世神的父中来的,在彼拉多时代降临于犹太(Judaea),以一个人的形式废除先知和律法以及创世神所有的工作以此向犹太人显现。"②因此,异乡神的启示并非是一个反宇宙的神的出现,抑或是神圣启示者的异象。它是一件基于历史的事件,并且在福音中得到证明。"马克安认为在提比略(Tiberius)时代存在一个基督,由一个之前未知的神所启示,为了拯救所有的民族。"③马克安关于启示的史实性的认定并不体现在基督耶稣的族谱继承,而是直接

---

① Pan.42.6,4;Cf.Adv.Haer.III.25,3.

② Haer.1.27.2.

③ AM 4.6.3.

体现在耶稣的降生。

马克安从福音中发展了这种自由的主题。在路加福音中,耶稣基于以赛亚先知书的章节宣告自由:"他差遣我报告,被掳的得释放,……叫那受压制的得自由"。① 这段话被马克安看作是耶稣对被次位神所压迫的子民的自由宣言。他反对律法的法则和法规,因此创造了一个不同于他自己的新的人(以弗所书,2.15),而新人来到陌生人中间,消除人与上帝之间无限的距离。

基于以弗所书及其他的保罗书信,马克安融入自己的思考总结出主要的三点:(1)救赎只能针对灵魂,因为灵魂得到了灵的教诲,而身体由于从土中来因此无法获得拯救;(2)神的拯救是普适性的,它的仁慈是无条件的;(3)存在一些异乡神无法拯救的人,不是因为他们堕落到它仁慈的范围之外,而是因为"他们心地昏昧,与神所赐的生命隔绝了,都因自己无知,心里刚硬"②。他们是次位神的子民,留在它的律法和审判之中。马克安将亚伯、诺亚、亚伯拉罕以及所有的先知都归于这个范畴,由于异乡神的拯救无法涵盖整个人类,因此被德尔图良指责其善的不完满。但根据爱任纽的记载,马克安认为这种拯救的"无能"与异乡神的善毫无关系,在这段拯救与被拯救的关系中,是这些人拒绝接受拯救,因为"根据他们过往的经验,他们知道他们的神常常试探他们,而现在,(面对在耶稣中至上神的启示)他们怀疑这是造物主的另一次试探,因此并没有靠近耶稣并接受他的宣告"③。

---

① 路加福音,4.18,p.108。
② 以弗所书,4.18。
③ Haer.1.27.3.

马克安的救世论似乎并不认为那些不接受福音的人有过错，而是将错误归咎于造物主的恶意。简而言之，马克安并没有将"原罪"加诸于人，使其成为束缚人们自由的枷锁，当上帝的启示来临时，人可以自由选择接受或不接受。尽管以人的经验无法体验至上神的全善，但这种体验的缺失并不影响人接受神圣仁慈的礼物。异乡神的目的是将人从造物主的小气和恶毒中解放出来，拯救人的行为在两个神对立的神性中被搁置，最终是否能够得到拯救取决于人们是否愿意摆脱律法。人的选择看似自由，实际上却是艰难无比。在已知造物神暴躁的脾气以及违背律法将受到的严重惩罚后，人如何有勇气选择那不知真伪的异乡神的拯救？因此，这是一种存在的困境：要么怀疑已知的造物神，借着信仰得到拯救；要么相信它，却在其中迷失。

然而，在公元 2 世纪，即使是正统基督教内部也无法避免二元论哲学。当然，基督教二元论的倾向不同于马克安所关注的造物神和救世神之间的二元对立。基督教的二元论大多存在于父神与子神之间，由于深受犹太教一元神论的影响，使得基督教护教士们颇为苦恼，一方面要保持一神论的传统，另一方面又要解释父与子的关系。在三位一体的概念没有成为信条之前，在两者中寻求妥协并非易事。当基督耶稣带来拯救的信息，并在十字架上完成对人的救赎，人们很难不去信仰这种新的力量。然而，在信仰耶稣的过程中，他们往往没有意识到自己已经放弃了对上帝的信仰。基督教拒绝承认具有二元论的倾向，而选择哲学的表达来解决耶稣与上帝之间的关系。尽管用同一本体不同位格来说明这种关系已经成为基督教教义不可动摇的根基，但就信仰层面而言却是一个至今难以解决的吊诡。

和正统基督教不同，马克安的二元神论不是形而上学的。尽管他的论述从哲学上看是粗糙的，却并不能因此而忽略它的影响。哲学上的批评无法动摇他的思想。因为马克安的二元论既不是关于宇宙的理论也没有为宗教哲学作出任何突出的贡献，而是对他所理解的人类生命的基本事实的描述。用现代方法解读马克安的思想，可以理解为马克安在运行的宇宙中找到了两个原则。第一个原则是律法或正义的原则，它内在于宇宙之中，是宇宙的起源。这原则不仅约束人类，同时也掌管自然。律法的原则使人的本质中形成了义务感，使人自觉完成得完成某些行为而不需要外力的驱动。第二个原则干预并拒绝正义，称之为恩典或拯救的爱。人们能够在第二条原则的统领之下脱离第一条原则的束缚。从这个角度理解，马克安的理论不仅仅是神秘主义，他试图解决人类道德问题。然而，公元 2 世纪的马克安并不足以称之为哲学家，他没有很好地将哲学方法应用到自己的理论中。对他而言，两位神的概念似乎更容易表达。那些其他文明中所产生的信仰几乎都起源于对宇宙和人的观察。这些信仰都与马克安正义神的概念相似。①

马克安的二元论并非是对哲学概念的借鉴，而是来自于日常经验。次位神不是凭空幻想出来的角色，而是基于真实存在的证据的合理假设。人类的存在，宇宙的运行，无不体现其创造者的存在。然而，作为完全异于这个宇宙的至上神，它独自拯救的行动却

---

① 约纳斯将马克安的二元论看成是人的命运与天命之间的斗争。律法的创造者代表了人的命运，而至上神的仁慈代表天命。（参见约纳斯：《诺斯替宗教》，张新樟译，上海：上海三联书店 2006 年版，第 128—144 页）

没有任何显性证据支持,这显然是马克安所不能容忍的。他认为人们对至上神的信仰来自于福音所宣讲的信息,基督耶稣的出现作为人类历史上的重大事件,充分证明了至上神的拯救行为。然而,德尔图良否认耶稣的行为具有充分的自证性,它的真实需要通过之前的语言加以佐证①。从认识论的角度出发,马克安的信心很可能来自于他的直觉,直觉使他完全相信异乡神的实在性。博吉特(Burkitt)认为如果马克安能够使用四维的现代概念,他的神圣的异乡者的观念会更容易被接受。至上神之所以对人而言是陌生的是因为它存在于一个一般情况下人无法意识到的维度②。然而这种理论很难解决马克安的困难,因为它需要更多数学上的证明。

简而言之,马克安的二元论可以总结为以下几点:1.律法和先知所代表的上帝不是基督耶稣的父。前者是已知的,而后者是未知的,它们之间存在无限的鸿沟,造物主无法认识到异乡上帝的存在。2.耶稣来自于超越这个世界的神那里,在彼拉多时代历史性的被揭示。他为了拯救信仰者的灵魂而来。3.造物神和异乡神之间的区别是本体论层面的:造物神并不来自于异乡神,而异乡神也并不参与创造的行为。因此人类是完全由造物神创造的。4.马克安认为先知是从造物主那里产生的,他们的预言仅仅针对圣经中所显示的已知神,而无法勾画出异乡神的启示。5.造物主具有"正义"的属性,但与异乡神相比,它不是善的,而是恶的创造者,

① Tertullian, *Against Marcion III*, chap.3, p.322.
② Burkitt in J.T.S., 1929, p.279.

它的正义显示了它的软弱,它甚至经常自相矛盾。6. 相比较于造物主,异乡神并不运用正义的力量,它拯救那些接受它的人并为他们提供终极的希望。因此,"善"是异乡神的属性。7. 异乡神的意愿是将人们从罪和死亡的律法之中解放出来,由于它本质的善,它将仁慈和怜悯给予人类并推翻过去的戒律。8. 根据造物主的律法,异乡神为了拯救人类而在基督耶稣中受难。

马克安在他的二元神的理论中清楚地表达了他信念中最根本的对立:新约神与旧约神的对立,律法与福音的对立。然而,从前面的讨论中不难发现,马克安的出发点也引起了不少的争论。究竟是正义与善的对立还是恶与善的对立,不同学者看法不尽相同。

爱任纽认为其中一个是具有善原则的神而另一个则是具有恶原则的神,然而他却并没有用善恶来区分马克安的神的特质,而认为二者是善与公正的对立。德尔图良也认为马克安明确表示一个正义的创造者,尽管在论以弗所书第六章第 11—12 节时,马克安称造物主为魔鬼。这是他自相矛盾的地方,他的思想常常缺乏系统的论证,因此这样的矛盾是不可避免的。爱任纽并不是毫无根据地将马克安与诺斯替主义者瓦伦提诺归为一类。在他的第二本书《驳异端》(*Against Heresies*)中,他以反驳瓦伦提诺为主,但他明确表示(2.31.1)他的论证同样适用于马克安。

哈纳克提到马克安的二元神论所包含的神圣、正义以及善的概念都具有两个层面的意义。这些属性的一个层面适用于制定律法的神即造物主,而另一个层面则适用于超验神。在与绝对的恶相比较时,造物主是正义的或善的;而与超验神比较时,造物主则是非正义的或善的。哈纳克同时也承认"正义"一词在马克安的理论中是造物主的属性,而善才是至善的陌生神的属性。而这与刚刚提到的双重意义是相矛盾的。在马克安正义神与善神对立的二元神论的前提之下,他是否得出了正义、善具有双重意义的结论是值得商榷的。

布莱克曼(E.C.Blackman)认为,马克安最初可能明确地区分了两个神善与恶的特质,但同爱任纽一样,布莱克曼也相信马克安后来受到了塞尔多(Cerdo)的影响,认为造物主并非是完全恶的,在某些方面它是正义的。而哈纳克则尽可能降低塞尔多对马克安的影响,他认为马克安的思想在任何方面都是原创的。德尔图良在这个问题上保持沉默,他将马克安与塞尔多的师生关系置于一边,甚至很少将塞尔多的名字与马克安联系起来。马克安究竟有没有受到塞尔多的影响而形成他的二元论,从现有的材料上很难下定论,但不能否认的是他的二元论的确具有原创性。他摒弃旧约,强调福音的"全新"。这也是他招致批判的原因之一。德尔图良道出了正统基督教的普遍观点:基督的作为只有在预言的前提下才是清晰明了的,没有预言就无法判断神的终极意图。

莫尔则认为马克安本人思想中的二元神论是恶神与善神的对立而并不是像许多学者认为的是正义神与善神的对立。他根据所有当时的资料包括爱任纽和鲁多的记载判定马克安的体系是二元论的;同时最早的关于马克安的资料(Ptolemy)表明他区分了善的神和恶的神,这个观点也得而到了爱任纽的支持,同时没有在其他早期的资料里被否认。最后,马克安关于正义神的概念往往出现在一种类似于三元论的体系中:要么是善神—正义神—恶的物质,要么是善神—正义神—恶神。而这种三元论的思想应该是在他死后由他的继任者们在他的基础上发展而来。换言之,正义神的特质必然是由后人加入的。

三、马克安二元论的缺陷

必须得承认,拯救人类的异乡神的概念是马克安思想体系的弱点。德尔图良甚至嘲笑至上神在历史上长时间的隐遁和无作为。爱任纽则质疑至上神为什么不将自己的仁慈扩展到德牧革那里。马克安宣称的全新的启示的宗教是由新的神的使者突然带来拯救而显现的,而这使者却不知从何而来。以如此夸张的方式强调基督启示的全新性令人难以相信。

德尔图良根据马克安的理论用"diversitas"一词说明旧约神与新约神的区别。这个拉丁词对应的英文是"diversity",但德尔图良用在这里很明显不是为了说明两个神的多样化,而是为了强调二者的对立。马克安的二神不仅在多样性中共存,他们同时也是互为对立,正如马克安所言它们作为反题存在。然而,这样的设定很容易理解为第二个神无法离开第一个神存在,它是纯粹的anti-god。德尔图良因此嘲讽马克安的善神只能在那被造物主创造的人类面前展现自己的伟大①。善神不仅仅救赎人类,它还与一切造物主的恶进行斗争。对人类而言,真正从自身所处的可怕境地解脱只能在来世,而这却是善神最主要的作为。德尔图良再次指出:"如果善神是全善的,而人类也信仰它,它为什么不能马

① Cf.Adv.Marc.I.17,1.

上帮助人们脱离那个残忍的神……如果你的拯救是完满的,为什么它只能发生在将来而不是现在?"①在马克安的理论中,他并没有强调善神是如何帮助人类脱离苦海,而更多的是指出善神是如何与造物主以及他的律法抗争的。比如耶稣公然违背安息日的律法(Lk.6:1-11)以及他为麻风病人治病(Lk.5:12-14),这些善行不仅仅体现了耶稣的全善,更重要的是为耶稣与律法对抗提供了机会。

为了提高可信度,马克安的二元论必须做一些调整。首先强调造物神在某种意义上并非神,因为它不是永恒的,最终它将与他所创造的世界一起消失。马克安并没有明确的说明这一点,但从他的论述的字里行间中却常常体现这样的论调。他不断定义造物主和这个世界(哥林多后书,3.14,哥林多前书,3.10,加拉太书,6.14,以弗所书,2.2),并认为这个世界终将消逝。因此,在完满的状态下只有善神是唯一至上的。然而,就这个推论而言,马克安似乎只相信一个终极原则而不是两个,造物主仅仅是一个工具而已。马克安的学生阿培勒斯(Apelles)明确回归一神信仰,认为造物主和撒旦只是它的天使,在这一方面,阿培勒斯比马克安更具逻辑性。正如马克安自己所言,他的体系是具有二元论特征的,然而,逻辑上却包含着终极的一元论思想,只是这种逻辑的结果并不是马克安所强调的。

如果马克安的造物主确实是神(如德尔图良所言),因为尽管它不是永恒的,但它却不是受造物,在这种情况下,承认造物主也

---

① Adv.Marc.I.24,6-7.

为终极原则意味着同时得承认物质作为第三条终极原则。德尔图良暗示马克安的思想中始终为物质保留了一席之地。在《驳马克安》1.15 中,德尔图良追问难道这是二元论而不是三元论么? 而在 5.19 中,德尔图良严肃地表示马克安在他的理论中认为物质与造物主的地位相等。尽管这种说法可能是为了使马克安最重要的理论部分受到质疑,但不得不承认的是马克安确实考虑到物质的因素。在马克安时代,任何思想家在思考宇宙理论时都无法完全拒绝物质的概念,其源头可以追溯至希腊哲学。马克安也认为恶是存在的,但德牧革本身并不是恶的。既然如此,马克安必须得为恶找到本源。他或者跟随哲学的传统,将恶归因于物质,或者追随圣经的传统,将恶归因于魔鬼。由于受到马克安原始文本的限制,很难确定他本人究竟持何种观点。但就哈纳克所搜集的详细资料看来,马克安并没有将论述的重点放在物质概念上,他忠实于圣经的传统,而圣经从来不使用物质的观念。

马克安将拯救者从创世者的概念中分离出来在当时是很容易招致驳斥的。正统教会用强有力的预言证明基督耶稣就是那创世神的启示者,而那神同样控制宇宙,并拣选犹太人做自己的子民,在他们的圣经中注入灵。通过先知们不断的预言,上帝的真实性也得以不断巩固。耶稣的显现和作为,也仅仅体现了唯一神的伟大和仁慈。而马克安否认世界是至上神的作品,它没有在这个世界揭示它自身,唯一的启示就是它拯救的工作。然而,对于当时的基督徒而言,正统教会的论述显然比马克安凭空引入另一个神更令人信服,用创造—被造的桥梁维系人对神的信仰比割断这强有力的纽带而仅仅用善来连接更容易使人接受。正如奥利金所言:

"基督教的责任不是让人信仰一个假设的神,而是崇拜万物的创造者,包括那些并未向感知开放的事物;而不是否定造物主并让自己信仰一个假想的更伟大的神,而这神仅仅以一个名字而存在。"①

马克安的二元论既是他思想中最有价值的部分,却也成了他体系中的薄弱之处。因为他更注重耶稣救世论而忽略了宇宙论。他对于救世神学的关注是他理论的强项,但他却必须为这个理论找到令人信服的证据。如果没有足够的证据支持,马克安的理论勉强能称为哲学,但又不足以成为条理分明结构严谨的哲学,或者归之于神秘主义更为恰当,但决不能称之为真正的具有活力的宗教神学。马克安专注于救赎,以至于对他而言上帝凭着至善救赎人类就是足够的理由。然而,"从另一个角度看,同样也可以认为传统的宇宙创造是上帝的工作,因为没有任何关于上帝的理论可以证明人所居住的这个世界不属于它的创造。"②

除此之外,马克安没有就人类存在提供一个合理的解释,这使得人的存在显得不正常并充满恐惧。他没有试图调和在耶稣中体现的至上神拯救的属性和人们从物质世界和历史事件中感受到它的本质中的更严苛的属性。他只是简单地回避这个问题,他也无法真正回答德尔图良的论证,即上帝不仅仅是善的,严格和正义同样适合于它③。正如奥利金(Origen)在他的《论原理》中所言,在正确理解圣经的前提下,不难发现上帝的善和它的正义是同一的。圣经中并没有将旧约的正义神和新约的善神看成反题。新约和旧

---

① Origen, *Contra Celsum*, 8.16.

② Tertullian, *Against MarcionI*, 17, p.282.

③ Tertullian, *Against MarcionI*, 17, pp.25-26.

约中都体现了上帝的仁慈和审判。而马克安的上帝并不是全善的,因为它没有拯救人的全部(排除了肉体),同时也没有拯救整个人类(排除了那些仍服从造物主的人)。

第三节　非诺斯替主义者马克安

马克安究竟是不是一个诺斯替主义者,需要进行一个更为深入细致的分析。

一、马克安与诺斯替主义的相似之处

1. 对一个完全异于这个世界的、遥远的至上神的体验。

马克安的至上神在基督耶稣启示之前都是未知的,布莱克曼(Blackman)认为这个概念并不是马克安自己原创的。爱任纽则将这个观点归于马克安(Marcosians)和克林妥(Cerinthus),事实上这也是诺斯替主义二元论的根本特质之一。诺登(E.Norden)在他的《未知之神》(Agnostos Theos)一书中展现了未知神的概念是如何进入诺斯替主义的思想之中的。(pp.65-73)这个神不是造物主,与这个世界没有直接的关系,它只在耶稣里被了解。这个概念既不出自古典文献,也不同于希腊文化中未知之神(agnostostheos)的概念,而很有可能来自于东方宗教的理念。诺登(Norden)认为之所以诺斯替主义的二元论被教会定义为异端加以驳斥,是因为他们支持反犹太的二元论(p.77)。教会一方面反对诺斯替主义,

一方面又受到希腊未知之神的影响,将其等同于造物主并认为它出现在希伯来的预言中而在耶稣中显露①。在克莱门特的著作中可以发现西蒙玛古(Simon Magus)的信条包括许多神和一个至上未知的神,这未知神不仅摩西和耶稣不知道,连德牧革都对它一无所知。(Recognitions 2.37 ff.)。而在说教篇(Homilies)中相关主题有些小小的变化。它认为德牧革是未知的至善神的使者,同样也是律法的神。未知神只是善的而非正义的,因为善和正义无法和谐统一。

2. 认为世界和物质是恶的创造物,但获得灵知的人却是异于这个世界的存在。

这个观点的前一部分和马克安的主张相同,事实上,除了都采取二元论的方法,马克安与诺斯替主义另一个共同点就是对有关恶的问题的执着。这也是德尔图良认为的马克安思想的起点所在。而根据伊皮法纽(Epiphanius)的说法,巴西利德也是从同样的问题入手。②

但后一部分却是马克安与诺斯替主义之间存在的最关键的差异之一了。对于这个本都的基督徒而言,他无法如诺斯替主义者那般将人作为实际上不属于这个世界的产物看待。后面将详细讨论。

3. 对一个不同于至上神的造物神或至上神助手的介绍:在柏拉图的传统里他被称为"工匠"(craftsman),希腊人称为德牧革(demiurgos),它除了被认为是无知的,有时候也被认为是恶的。

①　参见 Irenaeus I.19.2 和 4.6。
②　Epiphanius *Panarion* 24.6.更进一步的证据表明巴西利德认为恶天使的首领也是犹太人的上帝。

就这一点而言,尽管都承认造物主并非至上神,但马克安与诺斯替主义的表述不尽相同。我们无法获知马克安是否使用过柏拉图式的术语来称谓造物神,但从他严格的圣经解释传统来看这是不太可能的。更为重要的是,马克安绝对不可能承认造物主是至上神的助手,在他的神学体系中,造物主绝不可能起源于善神也不可能是低于善神的次位神。简而言之,造物神与善神之间毫无联系。与斯多葛派(Stoic)将自然界与神等同起来的万神论相比,诺斯替主义对世界采取了消极负面的态度,因此设定了一个与这个邪恶的世界、邪恶的造物主没有任何关系的神。如果这是对诺斯替主义总体特征的合理描述,那么马克安就是一个典型的诺斯替主义的代表①。

4. 在神的观念、灵与肉的对立以及人类学中都可以找到不同形态的二元论倾向。

当然,对世界的厌恶是诺斯替主义的特征之一。在此基础之上的二元论形而上学则有许多不同的解读,甚至在协调至上神与物质世界关系时随着移涌理论的不断发展而出现了一元论(比如瓦伦提诺和巴西利德的体系)②。但基本的二元论框架不会改变③。

① 参考汉斯·约纳斯:《诺斯替宗教》,张新樟译,上海:上海三联书店2006年版。
② Leisegang认为诺斯替主义者既是一元论者也是二元论者。
③ 一些后来的马克安主义者朝着一元论的方向修正了他们精神领袖的思想方针,而马克安自己则在相当苛刻的范围内允许对他的二元论做些修正:(1)德牧革不是绝对的恶;他不单是恶神,也是旧约的神;(2)恶神既是邪恶的创造者(Tertullian 2.28)又是天使的创造者(Tertullian 5.16);(3)物质的存在。Bousset认为这些调整是后人所为,而马克安本人则严格执行二元论的观念,但没有充分证据证明这一点。

在对待神的问题时,马克安是一个不折不扣的二元论者,甚至比多数诺斯替主义者更为激进,这也是前文所提到的马克安从不认为造物主是在协助至善神的原因之一。然而,在另外两方面,马克安却并未表现出典型的二元论倾向。

除此之外,马克安与诺斯替主义的基督论都具有幻影说的成分并且对待旧约和犹太教的态度也是一致的。而马克安采取的禁欲的生活方式则是公元 2 世纪相当普遍的一种宗教修行方式,不论是在教会内部还是外部,即使没有二元论形而上学的前提,许多人仍然选择苦行来实现自己的宗教信仰。马克安在道德实践上并没如瓦伦提诺一般被指责运用不道德的救赎理论(Irenaeus,1.6.4)。马克安的不同之处在于他并没有进一步进行理论探索的兴趣,这或许是因为他是一个强大的宗教组织的领袖。相对于诺斯替主义而言,他所建立的教会不仅仅只是一个由于宗教见解不同而形成的教派分支,而是正统教会的一个可怕的对手。这不是由于他的理论多么深得人心,而是他教会严格的纪律和制度。马克安的注意力更多地放在了实践和宗教层面,而非学术或者哲学层面。他是一个圣经直译者,拒绝使用寓意释经的方法。这使得他不得不删减调整圣经的内容使其完全支持自己的理论。他对文本的批判使得他不同于一般的诺斯替主义者,这也解释了为什么他被公元 2 世纪的基督徒们视为最不敬的异端。

二、马克安与诺斯替主义的本质区别

古代的异教研究者们往往将马克安与诺斯替主义者画上等

号,通过以上的分析不难发现原因。和诺斯替主义者一样,马克安宣扬二元神论,这是对正统教会最大的威胁,这使得其他任何不同都是边缘化的。然而,即使马克安在某些方面与诺斯替主义相似,这也不意味着他直接受到了诺斯替主义的影响。

当代马克安的研究者哈纳克从教会史的角度分析了马克安不是诺斯替主义者的现实原因:"严格来说,马克安不能被定义为诺斯替主义者。他建立教义的动机并不是出于某种新鲜感,甚至不是源于辩护论,而完全是出于对救赎论的信心。他因此强调的是正统信仰,而不是诺斯替主义。他的信仰是纯正的,没有闪族因素也没有希腊哲学因素。他没有把宗教形式分为不可知的和普适的。他坚持传道,推行基督教改革,反对建立探索神秘主义的学校。只是他建立自己教堂的努力失败了。他企图建立新的教派,推行教徒平等,使教徒从繁琐的仪式中解脱出来,从那些严格的教义规章中、教会纪律中解放出来。……除了保罗的福音书之外,马克安认为其他关于福音的概念,尤其是强调与旧约的连续性,就是信仰上帝后退。"①

事实上,正如前文所述,关于马克安对诺斯替主义者塞尔多(Credo)的依赖是很难取信的,同时,在第三章我们也看到诺斯替主义者托勒密(Ptolemy)是如何回应马克安的理论的。当然,我们无法确定诺斯替主义是否与马克安相对立,但我们也不能简单地认为将二者归为一类。很难找到确实的证据证明在马克安之前就

① Adolf Von Harnack: *Marion. History of Dogma*, Voll, Translated by N. Buchanan, Published by Boson, Little, 1901. http://www.gnosis.org/library/marcion/Harnack html.

形成了复杂的二元灵知体系。而诺斯替主义最早的代表如西蒙玛古,米南德(Menander),撒特努斯(Saturninus)和巴西利德,其思想都是模糊不清的,我们只能根据爱任纽和其他人的记载拼凑出大概①。而这些记载本身就是不准确的。在发现的巴西利德的残篇中我们看到与爱任纽记载的巴西利德的思想存在明显的矛盾之处,尤其是关于二元论的说明。

总而言之,马克安处在基督教诺斯替主义形成的时代,因此,不能说他与这个当时盛行的学派毫无关系。但他的思想体系确是独一的,而关于马克安之前的诺斯替主义我们知之甚少,所以诺斯替主义对他和他的神学是否产生过任何间接的影响无法考证。而根据马克斯基提供的诺斯替主义的另外四个特质,马克安与诺斯替主义的差别可见一斑。

1. 那些受至上神影响的其他的神圣形象更接近人的特质而不是遥远的至善神。

马克安的体系中并没有基于至善神而存在的神圣形象。他的基督论仅仅与折中的诺斯替主义的启示神话有一点类似。然而,诺斯替主义将基督看作神的信使,他为了弥补骄傲自大的苏菲亚所犯的错误而出现,揭示了那隐藏的神圣的完满,使属灵的人最终回到普累若麻之中。基督的出现是一种补偿的手段。相对于诺斯替主义消极的弥补,马克安的基督更是至上神积极的作为,拯救完

①　Cf.Markschies,*Gnosis*,p.82:"我们能够从有关西蒙玛古和巴西利德的记载中证明爱任纽所描述的诺斯替主义体系至少是该理论发展的第二个阶段。不论是一世纪末的西蒙玛古还是二世纪初的巴西利德都没有形成爱任纽在二世纪末所记载的诺斯替主义的主张。"

全仰仗于神的善。神通过基督的作为帮助人们摆脱律法的困境，最终逃离腐朽的肉体而实现永恒的生命。对诺斯替主义而言，由于人享有最初流散出来的部分神性而与普累若麻之间存在千丝万缕的联系，这种犹如血缘关系的纽带使拯救成为必然。诺斯替主义这种形而上学的决定论和马克安强调救赎来自上帝的恩典的理论具有本质的不同。

2. 用神话的方式来解释这一系列神圣的事件：一个神圣的种子从它的空间坠入了这个邪恶的世界而作为神圣之光蛰伏在某一类人中并将从这种状态中解放出来。

马克安从未诉诸神话的猜想，并且他明确拒绝对某一特定群体使用宿命论的观点。诺斯替主义者则认为神圣之光只隐藏在某一特定的群体中。马克安的思想中并没有如诺斯替主义般的复杂性和神话的幻想。他没有假定神圣的多元化，即从至上神那里衍生出来的半神的存在（苏菲亚）再到创世主（德牧革），最后产生了创造物的低级的秩序。造物主与受造物之间实存的联系并没有削弱受造物与这个世界之间的疏离感。即在造物主和至上神之间没有必然的联系，至少远没有至上神与人之间的联系密切。至上神有且只有一次在历史中向人们揭示它自己，即派遣他的儿子下来拯救人类。与至上神相比，造物主并不是完全邪恶的，它只是在行使自己的统治而已。但造物主显示的正义与自私在至上神完美的善面前只能理解为一种恶。律法之下人的困境就是认识不到高于正义之上的善。

3. 灵知只能通过另一个世界的救赎者那里获得，它从更高的空间降临并将再上升回去。

尽管马克安没有给予被创造的秩序很高的评价,他也并没有像诺斯替主义那样看待创世论。诺斯替主义认为创造的行为源于对至上神存在的无知。需要强调的是马克安认为造物主的无知并非是基于有关普累若麻流散的宇宙论思考。诺斯替主义的反宇宙论题中,普累若麻向世界流溢。因此对于至上神而言,必须收集这些普累若麻的碎片或灵,以使普累若麻完整。对人而言,就是灵向普累若麻的回归。而马克安则认为至上神与造物主之间并无联系,所以拯救只是出于至上神的本质(善),帮助人摆脱困境(律法),人并没有分享到这种本质,灵魂也不是神圣存在的牢笼。相反,人的灵魂是可以摆脱造物主正义的束缚而被拯救的。

4. 人类通过灵知(关于上帝的知识)获得拯救,这拯救在他们自身。

马克安认为信仰而非知识才是拯救的模式,且是对启示唯一正确的回应。他紧紧跟随保罗的步伐,信仰作为对神圣启示的回应意味着从死亡的律法中解放,并在基督的灵中获得生命。他与保罗一样认为重生是作为属灵人的复活。耶稣的死而复生正是这一过程的范式。马克安并不认为拯救是对已发散的神性元素的收回,而是从造物主的律法中获得自由。尽管马克安相信耶稣是一个从更高的空间降临的拯救者,但他从未强调灵知的重要性。对他而言,是对耶稣的信仰带领人们得到救赎。

简而言之,马克安并不思考有关第一原则的问题,也没有衍生出神圣存在的理论。没有任何哲学理论支持他对造物主的信念。他在旧约中只看到了造物主的作为和它所制定的律法,而没有任何关于上帝存在的合理性论证。尽管他对这个世界怀有同样的厌恶,但自己却仍然作为世界的一部分而存在,不论是肉体还是灵魂。人完完全全是由恶的造物主创造的,没有任何一部分是不属于造物主的。而诺斯替主义者则相对乐观将自身归为另一个异于这个世界的范畴内,这种信念使他们不喜欢自己所居住的世界,同时也使他们感觉自身高于这个世界。这种感觉是无法在马克安的体系中找到的。更重要的是,马克安和圣经的作者们一样,坚信关于上帝的知识绝非通过理性所得,而只能来自于启示,但这启示并非出自先知们的预言。这意味着旧约圣经变成了一本记载着超自然历史的书,他既没有像诺斯替主义那样试图删除它,或者像正统教会那样用寓意的方法解释其内容,对他而言,旧约是一本已经完结不会再出现新内容的书。

"他是圣经神学中的卡夫卡。他反叛这个世界实际的父亲……一个双重父亲身份的发明能使马克安重生为一个自由的人。"①马克安像一个孤独的战士以自己的方式捍卫内心真正的信仰。尽管他的思想最终没有得到教会的认可,但他的勇气却值得尊重。理解他思想的独创性而不是仅仅将他归为某一思想流派应当成为研究他思想的首要条件。

---

① ［美］约安·P.库里亚诺:《西方二元灵知论——历史与神话》,张湛、王伟译,莫伟民校,上海:上海人民出版社2009年版,第171页。

第五章 马克安思想的当代回响

　　站在历史维度来看，马克安的学术成就并不引人注目，就思辨性而言，他不如同时代的亚历山大的克莱门特(Clement of Alexandria)、查仕丁那般继承了古典希腊哲学的传统，形成具有严格逻辑体系条理清晰的思想系统；就创作激情而言，他不如德尔图良那般雄辩，熟练的运用各种修辞学的方法回应自己的学术对手。在马克安的作品中不难发现言语含糊、逻辑混乱之处，这些地方也常常被他的批判者们抓住并加以驳斥。尽管他无法像基督教思想集大成者奥古斯丁、阿奎那一般，即使在今天也拥有无数的膜拜者和研究者不断从他们的文本中发现新的意义。即便如此，我们仍旧无法忽略马克安在基督教历史上的地位和影响。他的教会、他的圣经都给当时的基督教团体带来了巨大的冲击，这种影响虽然持续的时间并不久远(马克安的教会在之后的几个世纪就逐渐没落)，但影响力却相当强大。在教会史上，第二个产生如此强烈影响的人就是马丁·路德了。后者最终导致大公教会的分裂而形成了今天的天主教会和新教教会。

　　随着基督教存在主义思潮的形成，基督教哲学也开始抛弃形而上学的理念,回归到原初的以关注人原本的生存状态为其理念的起点。正如克尔凯郭尔所坚持的:"对我们主观的体验到的实在,是不可能进行理性综合的。抽象的思想形式无法把握具体的生存行动,生存的行动究其本性而言就是残缺破碎的、悖理荒谬的、不完全的。具体说来,通过理性的思想,或者通过固定的体制化宗教,绝没有通向基督教的道路。通向基督教之路,仅仅存在于热情的、内心的、主观的采纳之中。上帝与我们的有限生存是对立的,因为上帝与之有质的区别,而且不相连续。基督徒的宗教,还有它关于超越于永恒的上帝曾在某一特定关头以肉身显现的断言,远不是能以思辨哲学的语言来解释或辩护的,而在本质上就是反论悖理的,并且要求一种彻底的信仰抉择。"①无论基督教存在主义者之间存在怎样的分歧,至少有一点是共同的,即:他们都承认人的存在是缥缈虚无的,而他们的任务就是帮助人们找到一种方法克服这种内在的恐惧,当然,在他们看来唯一的解决之道就是诉诸人们有着质的对立的上帝。(指永恒的上帝与有限存在的人的对立)这样的出发点似曾相识。一千多年前的马克安正是基于这样的思考开始追问自己信仰的上帝,而在坚定的信仰面前他选择了抛弃那些与其信仰相左或存疑的东西,尽管这些东西被当时的基督徒视为真理。

不管马克安是否如哈纳克所言是一位走在时代前端的改革者,他所想的以及他所做的确实比当时的教会更具有前瞻性。本

---

① 约翰·麦奎利(John Macquarrie):《二十世纪宗教思想》,高师宁、何光沪译,上海:上海人民出版社 1987 年版,第 236 页。

章将主要探讨马克安的历史影响以及他的思想与现当代一些重要神学思潮,尤其是路德神学和基督教存在主义之间的共通性。但在此之前,首先需要厘清的是哈纳克笔下的马克安。

第一节　哈纳克的马克安

哈纳克(Adolf Von Harnack)是德国著名的新教历史学家,他在研究早期基督教历史时发现了马克安,自从 1921 年哈纳克发表了他的著作《论马克安:陌生上帝的福音》一书,教会的历史就被改写。在哈纳克的笔下,马克安一夜之间从一个异端分子变成了一个走在时代前面的英雄。

20 世纪以来,当学者们讨论最古老的异端马克安时,不可避免地会提及哈纳克,反之亦然。自哈纳克终其一生对马克安进行了大量细致和深入的研究后,马克安与哈纳克就超越了时空的界限而紧密地联系在一起。他试图用生活化的方式描述马克安一生的轨迹,这使读者备感亲切,似乎被描述的对象就站在我们面前。而在我们眼前出现的马克安走出了历史的迷雾进入现代世界,我们在欣赏他才能的同时也同情这位具有悲剧色彩的英雄,他的理念仅仅由于领先自己的时代而未能被教会接受。"原始基督教发展成大公教会的历史必须有一个不同于以往的结构;就二世纪而论,必须本着 mutatis mutandis(有改者必当改之)的原则,给予马克安及其教会一个相当于十六世纪宗教改革运动那样的突出地位(和一个类似的、在某些方面更为深远的意义)。与马克安并存的

诺斯替主义在教会史上(不同于思想史)只应占有一个不显赫的
地位,而古代大公教会必须作为马克安对后使徒时代基督教的影
响的一个(反题性质和整合性质的)产物出现。须知马克安之前
与马克安之后的基督徒群体(教会)的差别远远大于西方教会在
宗教改革运动之前和它之后的差别呀!"①因此哈纳克认为当代基
督教历史研究者需要重新考量马克安的影响。

哈纳克的影响如此强烈,尽管存在一些学者们普遍接受的对
哈纳克的批判,但如果想重新勾勒出马克安的形象,就不得不参考
哈纳克这种占主导地位的观点。在评判马克安之前必须谨慎审视
哈纳克的态度。

毋庸置疑,哈纳克为马克安付出了毕生的精力和心血。他尽
可能详细地搜集了关于马克安的资料,并在此基础上以基督教教
会史学家和神学家的双重身份对马克安进行了长达数年的研究。
或许恰恰由于这个原因,使得他对马克安的评价过于主观。一方
面,他的注意力过多地集中在马克安身上。很明显哈纳克是相当
欣赏马克安的。事实上甚至可以说他为马克安而着迷:"在教会
史上,他是我第一个所爱,这种倾心和敬仰在我跟着他所经历的半
个世纪里始终未变,甚至不曾因奥古斯丁而有所衰减。"②他的视
野所及都是与马克安相关的细节,而忽略了公元 2 世纪整个基督
教的背景。因此哈纳克描述的马克安在整个图景中所占的比例太

① 哈纳克:《论马克安:陌生上帝的福音》,朱雁冰译,北京:三联书店
2007 年版,第 231 页。

② 哈纳克:《论马克安:陌生上帝的福音》,朱雁冰译,北京:三联书店
2007 年版,第 3 页。

大以至于无法从全貌来考量。而哈纳克对马克安的执着在摩尔看来已经超出了一个研究者对研究对象应当怀有的情感。他认为哈纳克让一个在公元2世纪备受谴责的异端分子转身成为20世纪的一个基督模范的这种做法是值得怀疑的。另一方面,除了研究马克安的热忱外,作为新教自由主义晚期的代表,哈纳克对2世纪正统基督教尤其是旧约的评价也带有主观性。哈纳克本人不仅仅是一个历史学家,他同时也是一个神学家。因此在他重构历史的过程中他也从个人的神学立场出发引入了自己的诠释。但摩尔认为哈纳克的神学主张导致他在处理马克安的问题时误入歧途,而哈纳克对旧约的批评态度令他相信马克安是他的灵魂伴侣,由此使得他对马克安的评价也缺乏客观的立场。

然而即便如此,哈纳克仍然为马克安的相关研究提供了价值非凡的内容。本书也将哈纳克的著作作为主要参考书目之一,但由于一些客观和主观的原因,使得哈纳克的结论在某些方面具有一定的局限性。比如他对诺斯替主义的认识,以及马克安对教会的历史意义等。下文将具体分析马克安的历史影响。

第二节　马克安的历史影响

马克安在基督教历史上的影响方式不同于绝大多数基督教思想家。他的理论体系并不如他的实践活动那么引人注目。在前文已经提到过,马克安并不以思辨著称,我们研究他的思想轨迹可以发现,他从圣经出发,首先在理念上提出了自己的命题,进而发现只有从实践上改变现状才得以完成自己的命题,于是他全身心地投入到这种改变之中,以至于最后他的理论完全是为他的实践活动服务的,所以在某些情况下缺乏完整性和连贯性。因此,对早期基督教教会而言,马克安最大的影响并不是来自于他的学说,而是他所建立的教会。

一、马克安对教会的影响

"马克安建立的不是一个学派,而是一个教会。"①

也许是受到了精神导师保罗的影响,马克安意识到教会的重要性。在他的理论遭到罗马教会的拒绝之后,马克安并没有在教会内部寻求改革,而是直接选择建立新的教会。哈纳克因此称他为一个真正的改革家。尼安德②(Neander)也称马克安为第一个"新教徒"。

大约在公元144—145年,马克安定居罗马,他加入当地的教会,并向教会捐献了一笔钱。此时马克安已经完善了自己的理论,开始在罗马公开宣讲。他希望自己的理论能得到教会的认可,但很显然教会并没有因为马克安的捐赠而宽容这位富有的船主,没过多久马克安就与罗马教会分道扬镳。尽管教父们宣称他被罗马教会驱逐,但事实上很难分辨究竟是谁先表明决裂的态度。最终,马克安成为了教会历史上第一个被驱逐的教徒,由此开创了正统

---

① E.C.Blackman,*Marcion and his Influence*,Oregon:Wipf and stock Publishers,1948,p.1.

② 尼安德(I.A.W.Neander,1789—1850),德国基督教新教史学家。

教会与异端学说之间斗争的先河。在马克安之后,许多异端学者也同他一样深谙正统基督教的理论而最终却选择背离教会权威。

马克安于是决定建立自己的教会。他保留了大多数传统教会的礼仪和职能部门,制定了严格的制度,以绝对的权威管理教会。马克安的教会有许多严格的道德要求,禁欲是其中之一。这些要求是对造物主的公然对抗,故意不遵守它的命令。造物主要求人类滋生繁衍,马克安就强调禁欲。这也是从实践上贯彻他对这个世界和旧约神的态度。

由于马克安本人卓越的领导才能和充足的财政支持,他的教会在短短几年之内迅速在帝国内发展壮大。他独特的新约释经方法使得他的理论只对基督徒具有吸引力,犹太人和其他异教徒大概不会喜欢马克安对自己信仰的神的描述。因此,马克安教会的扩张必然成为正统教会面临的最大威胁,因为他的追随者大都来自基督教徒。

马克安作为教会的建立者无疑是成功的,他具有鼓舞人心和充满激情的人格魅力,他的教会在当时非常引人注目。在公元150 年,查仕丁就认为马克安的影响已经覆盖了整个帝国①。马克安的教会成为了当时基督教会最具威胁性的竞争对手,从传播速度来看也许不久的将来它就会取代自己而成为统治教会。教会内部普遍的危机感可以从他们一致驳斥马克安的理论感觉到。公元 2 世纪中叶几乎每一位重要的基督教护教士,从查仕丁到德尔图良,都感到必须著书反对马克安。塞尔休斯(Celsus)则认为只

---

① *Apol*,Ⅰ.26:κατὰπὰνγενοϛἀναθ;ϛερττυθωπων.

有两个基督教团体具有真正的重要性——大公教会和马克安教会。到公元 200 年，马克安主义已经受到了来自三种语言的攻击——希腊语、拉丁语和古叙利亚语。

不同于早期其他的异教团体，马克安教派有自己的组织架构和礼拜仪式，因此只有他的团体才能被称之为"教会"。连德尔图良也勉强承认马克安和他的追随者们建立了几个教会，当然他也指出他们是后来的因此是假的教会，德尔图良嘲讽的总结："就好像黄蜂建造蜂巢，马克安建立了教会。"①同时，耶路撒冷的西里尔（Cyril of Jerusalem）为了防止他的信众误入马克安的教会，他特意教导他们当进入一个新的村庄，需要询问是否是大公教会以避免与马克安的教会混淆。

公元 3 世纪马克安主义在西方开始衰落②，但在东方仍然在持续发展。根据一块教会的碑文记载，公元 318 年左右，马克安在大马士革附近的列巴巴（Lebaba）地区建立了一个教会。30 年后，耶路撒冷的西里尔（Cyril of Jerusalem）发现有必要在他的教会手册中抵制马克安信仰，并且警告他的信众不要一不小心就受到马克安主义的蛊惑。在西里尔的教区里很多城镇既有基督会堂又有马克安的会堂，甚至在一些小镇上只有马克安的小教堂，因此这位主教不得不如此警告他的教徒们当心。当然，君士坦丁（Constantine）对异教的禁令也导致了马克安主义的败落。然而，一直到公

---

① Adv.Marc.IV.5,3.

② 值得注意的是，马克安教会的这种衰落很有可能与教会内部严格的禁欲制度有关，马克安教会的扩张完全依赖于吸收新成员，而对于内部大量已经皈依的成员而言，他们的子嗣并没有纳入考虑范围内。

元5世纪中叶,塞浦路斯(Cyprus)的主教迪奥多瑞特(Thedoret)还宣称他"解放了100多个被马克安主义困扰的灵魂"。

马克安管理教会的方式与基督教会相似。很难界定他们有没有相互模仿,至少哈纳克在这一点上表述的相当含糊。但马克安的创新之处是他允许女人在教会中任职。因为他坚信在获得拯救的人里区分性别是毫无用处的。这里需要强调的是,马克安对婚姻的厌恶并不是来源于他对女人的歧视,而是来自于保罗的原则,即在基督中不分男女。

马克安教会的创立是一个伟大而具有冲击力的成就。马克安并没有如其他团体领袖一般宣称自己有何特殊能力或是得到了神的启示,相反,他为人们提供了一本书,他将自己认为能够真实表达基督教本质的内容挑选出来,用这本书教导他们什么是福音。他撰写《反题》(Antitheses)作为对他选编的圣经的解读。马克安努力使自己的教会在共同信仰上保持统一性。他的组织之所以能维持这种一致性有四个原因。首先,来自于马克安教会的追随者对这位创始人的敬畏。对许多马克安主义者而言圣保罗站在基督耶稣的右边,而站在他左边的那位则是马克安。其次,来自于马克安自己编撰的新约圣经,这是指导他们信仰的统一的纲领。再次,则是信徒们对禁欲生活的共同实践,当然,这一点并不足以区分马克安和基督教会,基督教会内部也存在苦修的团体。最后,则是教会组织结构的相对简单性。哈纳克就强调基督教会几代人所产生的影响在马克安那里仅仅在一代人那里就达到了。因为马克安没有设置宗教会议的制度,而这一点在基督教教会看来是必须的。

毫无疑问,马克安在基督教的发展中扮演着重要的角色。他的教会对他个人而言是真正的基督教会,不仅仅是在其传播的地域范围内,它的主张也是最纯粹的——宣称重建最原初的福音。他的教会尊奉保罗为唯一的值得信赖的使徒,马克安是其后继者。他们有自己的圣经和信条。在教会内部采取简单而明确的组织形式——主教制度。与此相比,当时的基督教团体显得散漫许多。基督教社团在叙利亚和小亚细亚的希腊地区以及罗马地区传播,而在另一边他们则进入埃及并沿着非洲北海岸传播。随着传播区域的不断扩大,各地逐渐发展形成自己的教区,有自己的主教,虽然罗马教会具有优先的统治权,但由于机构的庞大和繁杂,基督教会内部没有一个绝对的权威也没有统一的行动计划,只有一个权威的群体,这个群体的成员来自于几个大的教区(例如安提阿,哥林多,以弗所和罗马等),彼此相互制约,因此教会的活动往往由于地域的不同而受到人为的限制。基督教在当时的发展的确很快,但教会却疏于管理并将教徒们紧密结合在一起。尽管教会意识到传教任务的大公性,却没有注意到与此相关的组织问题。以一种外在形式证明其统一性和大公性是当时基督教的迫切需求。而马克安教会的突然出现对基督教会而言不仅仅是一个挑战,更是一个榜样。

事实上,不仅是外在形式需要统一,基督教内部的理论同样需要统一。内在信仰与外在的组织机构一样需要厘清和协调。基督教没有普遍接受的基本教义,没有自己的新约圣经。被承认的权威著作的数量由于教会区域的不同而异,甚至同一个区域选择相同的文本但由于不同人的解释都会造成各种不同的解读。教会寄希望于"与使徒相关的人们",比如波利卡普(Polycarp)。他们或者与使徒直接相关或者与使徒的门徒们相关,传达他们的教诲。教会试图通过这种方式回归最初的耶稣时代,然而却并没有取得成功。公元2世纪初的基督教除了旧约没有任何自己的圣经,没有成文的信条,主教的制度也仍待发展。而在这个世纪的末梢,教会却拥有了自己的信条,圣经,并建立了更加完善的主教制度确立教会的权威。这种巨大的变革存在着诸多动因。这里我们所关注的是马克安和他的教会在这场变革中所处的位置。

教会是在反驳马克安的过程中逐渐找到真正的普适性吗?大公教会的完善是与马克安主义斗争的结果么?马克安从某种意义上能被称为基督教会的"创造者"吗?

哈纳克对上述问题的答案都是肯定的,他的结论对基督教会而言相当具有挑战性,为了避免任何可能带来的主观影响,以下哈纳克对马克安的评价将全文引述。

"只是在马克安之后,大基督教教徒群体中方才开始了目标明确的工作,将神圣的教会、基督的新娘、灵性的夏娃以及彼岸之元从天上拉下来,并像他所做的那样,在尘世将诸教徒群体集合起来,形成一个以植根于新约的牢固交易为基础的真正的共同体和统一体,这就证明马克安通过他组织方面的和神学上的构想,通过他的活动促成古代天主教会的创建并为之提供了榜样。"①"为了

---

① 哈纳克:《论马克安:陌生上帝的福音》,朱雁冰译,北京:三联书店2007年版,第231页。

对抗它（马克安的教会），大基督教会必须从马克安那里接受而且也接受了他所创造的一切——除了他的基本宗教思想。"①哈纳克相信是罗马教会领导了对抗马克安的行动。"它首先向马克安学习了从他那里可能学到的东西并将之传授给其他教徒群体。接着并超越马克安创造出更具有力的东西以建立和确保新的大公教会。"②

哈纳克的评价相当之高，但似乎过于高了。这也许与他终其一生对马克安的研究有关，使得他的关注点过于集中在马克安个人身上。但这并不表明马克安在使徒保罗的基础上建立的教会没有成为教会的威胁，只是影响的时间没有哈纳克所认为的那么久远。正如布莱克曼所言："和已经存在的基督教会相比，马克安主义是一种爆发式的增长。尽管他可能比正统教会拥有更繁茂的枝叶，但根茎却无法延展到深处。"③

关于马克安的现代性，刘小枫老师在他的《灵知人马克安的现代显灵》一文中进行了诸多比对，从布洛赫（Ernst Bloch）的《乌托邦之灵》到巴特的《罗马书释义》，再到梅列日科夫斯基，马克安的幽灵似乎贯穿了东西方现代基督教的发展脉络之中。然而，刘小枫老师更多的是将马克安作为诺斯替主义的代表进行讨论，本书第四章已经论述过该问题，尽管马克安与诺斯替主义有着诸多

① 哈纳克：《论马克安：陌生上帝的福音》，朱雁冰译，北京：三联书店2007 年版，第 229 页。

② 哈纳克：《论马克安：陌生上帝的福音》，朱雁冰译，北京：三联书店2007 年版，第 229 页脚注 350。

③ E.C.Blackman, *Marcion and his Influence*, Oregon: Wipf and stock Publishers, 1948, p.13.

相似之处,但就其本质而言,并不能将马克安归为诺斯替主义的范畴,而他的现代性更多地体现在其独特的视角和思考方式。下文将详细论述。

二、马克安与路德

哈纳克认为马克安是具有前瞻性的宗教改革先驱,这种前瞻性远远超越了他所处的时代,一直到 16 世纪才被另一位宗教改革家实现。这位近代基督教思想史上最具影响力的人物使基督宗教教会经历了历史上第二次分裂,并产生了一个全新的基督教派——新教。毋庸置疑,这里所指的宗教改革家正是德国人马丁·路德。马克安与马丁·路德,这两位在时空上相隔将近 1400 年的基督教思想家竟然在哈纳克解读下产生了某种令人意想不到的关联。哈纳克的结论从发表至今仍在引发争论。有人赞同,比如 R.S.威尔逊(Robert Smith Wilson)①和 R.J.霍夫曼(R.Joseph Hoffmann)②;也有人反对,比如布莱克曼(E.C.Blackman)③和莫尔(Sebastian Moll)④。

---

① Robert Smith Wilson, *Marcion：A Study of a Second Century Heretic*, James Clarke & CO.：London, 1933.

② R. Joseph Hoffmann, *Marcion：On the Restitution of Christianity*, Scholars Press, 1984.

③ E.C.Blackman, *Marcion and his Influence*, Oregon：Wipf and stock Publishers, 1948.

④ Sebastian Moll, *The Arch-Heretic Marcion*, Mohr Siebeck Tubingen, 2010.

　　从教育背景来看,马克安与马丁·路德并没有太多的可比之处。在马克安之后,基督教神哲学系统开始崛起,并在随后的一千年多年里搭建了一个庞大而复杂的具有多重分支的理论架构。而无论其中哪一支派都远远超过了马克安的理论积累。而马丁·路德则完全不同。他自幼接受启蒙教育,在修道院接受神学熏陶,并在爱尔福特大学(University of Erfurt)就读哲学系,获得法学硕士学位,在经历了一次特殊的宗教体验后他开始潜心研究基督教神学,最终获得神学博士学位。不难看出马丁·路德接受过系统的神学训练,他深谙基督教神学的发展历程和其中各大流派的核心内容。理论背景的差异很容易导致两人思考问题的方式和内容都不尽相同,事实上,也有学者认为马克安在思考一些问题的深度上不及路德并以此为据否定哈纳克的结论。冯索登(Von Soden)认为,在信—行、律法—福音的问题上哈纳克将马克安的反题等同于保罗—路德的对照是错误的,因为他没有考虑到"马克安的这个反题仅仅是将概念插入到两个神的神话的反题之中,因此是空洞和世俗的,并且在禁欲主义的基础上建立了一种新的律法"。① 和路德相比,马克安对罪的观念可是说是完全陌生的。因此,在罪与拯救的论题中,马克安的理论也存在一个相似的肤浅之处。他认为由于没有表示一丝因为罪而产生的懊悔和自责,马克安的救赎论是不堪一击的。马克安相信救赎的对象不仅不是旧约标榜的正义之人(如亚伯),相反应该针对的是该隐之类的人,这个观点暗

————————

① E.C.Blackman, *Marcion and his Influence*, Oregon:Wipf and stock Publishers,1948.pp.103-104.

示了他的救赎论缺乏伦理和宗教的深度。因此,"马克安的救赎论不同于我们在奥古斯丁或者路德那里找到的关于罪的真正的、深刻的描述"①。从某种程度而言,冯索登的反驳并不无道理,马克安在这些问题上思考的并不深入,是因为能力不足还是意不在此,我们已经无法考证,但除此之外,还有另一个因素不能忽略。即他坚定的信仰和执着的意念。在他的神学之中,有两个不可动摇的根基,他所有其他的神学概念均是从这两个根基出发,他剔除掉与根基相悖的内容,只保留与其一致的。由于他太专注于根基,以致于常常忽略了除此以外的其他概念的关联与矛盾。他的过分专注甚至让人不禁猜测是否他根本就不关心其他理念的薄弱之处,那些从主干衍生出的其他东西都是可以任意修剪的。而这两个对马克安如此重要的主干究竟是什么呢?那就是前文不断提到的与旧的约不同的新的约,与律法不同的福音。于马克安而言,这两个原则共同指向一个结论:新约神不同于旧约神。

暂且搁置马克安的结论,他所遵循的两个原则看起来并不陌生。16世纪的路德能够有勇气与教会抗衡不正是因为他内心所坚持的三个唯有——"唯有圣经、唯有耶稣、唯有恩典"么?这三个唯有是路德神学的核心,其中"唯有圣经"和"唯有恩典"与马克安的原则非常近似。尽管后者只认可他自己编撰的新约版本,但他们都认定经书是上帝意志的唯一表达。至于恩典,则是上帝全

① E.C.Blackman, *Marcion and his Influence*, Oregon: Wipf and stock Publishers, 1948.pp.103-104.

善和仁慈的体现，"并非灵魂的性质或习性，并非连续的注入灵魂
的实体与官能之中的一系列不同的准物理性的、超自然的实存，而
是上帝的活生生的慈恩与惜意，是上帝在耶稣基督中启明的个体
性的行为"①。这也是马克安福音的关键，强调基督教的上帝带来
了全新的福音，这福音的内容与旧约中经常出现的惩戒式的正义
完全不同。马克安也因此更进一步，割断了旧约与新约的联系，而
新约神也不同于旧约神。当然，路德永远无法得出这样决绝的结
论，他积累多年的经院哲学传统、他虔诚而坚定的宗教情感以及经
过长久磨砺的现实的基督教教义和宗教环境等因素都使得他不可
能迈出如此叛逆的步伐。他甚至丝毫不会怀疑旧约的合法性以
及旧约神与自己信仰的上帝是否为同一个神，即便曾经的某一
刻在他脑海中闪过这样的念头，但在下一刻他的信仰就会站出
来否定刚才的想法。所以，路德是在坚信旧约与新约共同作为
圣经，旧约神与新约神是同一的前提之下展开他的神学问题思
索的。即便如此，他仍然与马克安在上述的某些方面具有相同
倾向，究其原因，不得不提到使徒保罗。保罗是马克安和路德的
神学指路人，而保罗写给加拉太人的书信也是两人提出各自神
学的依据之一。

虽然保罗常常被认为是真正的基督教的奠基人，但保罗神
学在公元 2 世纪并不被正统教会重视，因为他带来的问题处理
起来相当棘手。然而，马克安却坚信唯有保罗才是基督真正的

---

① 汉斯昆:《基督教大思想家》,包利民译,香港:汉语基督教文化所
1995 年版,第 1 页。

使徒,唯有保罗所传的才是真正的基督之道。正是马克安对保罗的认定使他的神学具有相当的现代性,因为基督教神学在发展了一千多年以后,最终以一种裂变的方式重新回归到保罗的理论之中。

哈纳克认为马克安与保罗的出发点一致:即区分律法与福音是基督教特殊和首要的工作。只是在当时混乱的宗教环境之下,马克安选择了一种决绝的方式斩断二者的联系。尽管这种方式违背了保罗的初衷,但马克安确实是沿着保罗神学的轨迹前行的。保罗思想中二元论的原则是明显的,"如果人们站在一个土生土长的希腊人或者罗马人的立场上看,这个判断几乎是不可避免的,因为他怎么会将'上帝与这个世界的上帝'、'灵与肉体'的对立等等看成是别的什么,而看不到这是他从柏拉图和其他方面所常见的对立呢"①而马克安并不具备如保罗一般的哲学素养,信仰指导他的思考,只有当遇到信仰无法完全解释清楚的问题时马克安才会诉诸哲学,而这种诉求往往是被动的,因此在涉及哲学问题时马克安的论述经常含糊不清或者存在矛盾之处。比如在论述"正义"这一概念时。"他似乎被迫从辩证观点透彻思考这个问题,(因为按照马克安的说法,上帝也有争议,而正义的律法也有善的东西);可是,据我们所可能做出的判断,他于此命题而不能自拔,并没有对问题作透彻思考。他作为被拯救者与保罗有同感,像后者一样,内心为对被钉上十字架的基督的信仰主宰着,而作为神学

① 哈纳克:《论马克安:陌生上帝的福音》,朱雁冰译,北京:三联书店2007年版,第219页。

思想家却恰恰标志着与保罗对立的另一极,将使徒强行降到自己的水平,从而对他作了最严重的曲解;不过,他最后是不是跟使徒接近了?因为按照他的末世论造物神最后消失了,而上帝以成为一切的一切的形象出现。从这一点看,他与使徒的区别是否就不单单是由于一种关于世界和当前的世界进程的较为强力的悲观论了呢?"①

　　路德的神学进路也是从他对信仰的坚定和虔诚开始的。在经历了一次面对死亡的恐惧之后,路德选择去修道院修行,然而,僧侣生活并没能给路德的心灵带来宁静与平和。事实上,尽管路德以极大的热情投入到天主教的事工之中,但是他内心所遭遇的疑问非但没有减少,反而还凸显出来。受过经院哲学系统式训练的路德无法接受以形式化的作为解决个人得救问题的办法。"路德的改革关切的起点并非教会的乱来,甚至不是教会的问题,而是得救的问题……"②路德认为,人们不能只靠自己的努力得到救赎,救赎首先来自上帝的恩典,而人们唯有通过信仰才能感知并获得上帝的恩典。在路德神学的核心——称义论中,最为关键的神学要素就是信仰。他在《罗马书》中找到了依据。路德之所以如此强调信仰的重要性,是因为他发现律法约束人们的行为却无法掌控人们的心灵。而这种对行为的严格约束往往会导致人们内心信仰的荒芜。因此,路德提出因信称义。人们一切以律法为基

---

　　①　哈纳克:《论马克安:陌生上帝的福音》,朱雁冰译,北京:三联书店2007年版,第219页。

　　②　汉斯昆:《基督教大思想家》,包利民译,香港:汉语基督教文化所1995年版,第136页。

准的行为都必须建立在借着福音而获得的信仰的基础之上。即福音在先,而后是律法;信仰是基础,而后才是行为,这是人们得救的关键。换而言之,上帝的仁爱使它将恩典白白赐予人类,使人们从罪中解脱而成为义人。这与马克安的陌生上帝的福音非常类似,至善神将人们从罪恶的深渊中解救。当然,马克安的陌生上帝并不是那个人们熟悉而畏惧的造物主,旧约中的神的形象。因为根据约书的记载,旧约神与新约神存在诸多矛盾之处,而唯有后者才能带来福音。所以旧约以及旧约神被马克安排除在基督教信仰之外。作为一个信徒,马克安的结论显示了他的决心,他不惜站在传统的对立面。客观而言,马克安的论证过程虽然简单却并不无道理。即便如今的圣经学者,在无数伟大的基督教思想家的理论基础之上,仍需绞尽脑汁回答旧约与新约的一致性问题。因为无论在哪个时代,总有人质疑旧约的权威性,不仅因为旧约是犹太教的经典,更重要的是两部经书内容的差异。

路德并不像马克安那么极端,作为虔诚的信徒同时又是保守的改革家①,路德选择了挑战权威,但他却无法彻底否定权威。尽管路德表示过对律法的消极态度,"'律法不能给我们指出真正的上帝',律法是'犹太人的法律汇编',是基督徒不再需要的'血缘

---

① 即使路德坚决地反对天主教教会权威,但他的改革仍然无法彻底地推行。路德在他的代表性著作《论基督徒的自由》一书中所描绘的充满激情的一个自由的基督教教会的理想并没有在德意志帝国得到实现。事实上,"在路德派的德国实现的,并不是自由的基督教教会,而是对于基督徒来说成问题的诸侯对教会的统治。"(汉斯昆:《基督教大思想家》,包利民译,北京:社会科学文献出版社 2001 年版)

性法律'"①。但最终他并没有完全否定律法,而是将律法置于次于信仰的位置,信仰是人得救的必要条件,因为救赎是上帝的恩典,只有在信仰中人们才能把握这份恩典;而律法只是对信仰的补充。路德无法放弃律法的宣讲,尽管如果沿着他的思路继续前行,拒绝律法并不是一件非常困难的事情。然而由于律法是上帝意志的表达,准确地说是上帝在旧约中意志的表达,拒绝律法意味着对旧约的否定,这一步相当危险,因为一旦否定旧约,那么如何解释旧约中的神与新约中的神是同一的? 到这里似乎离马克安更近了。

当然,路德不会迈出这一步。这是他与马克安的区别,或者说这也是两人的共同之处。因为他们各自的结论都是建立在内心虔诚而坚定的信仰之上的,他们都渴望基督教信仰能够回归纯粹。然而,16 世纪的旧约在基督教的地位与公元 2 世纪不可同日而语。试想如果马克安处在路德时代,他还会得出与自己之前所做的同样的结论么?

总而言之,作为基督徒,马克安与马丁·路德具有同样执着的信念,正是这一点使得两人无法为了维护教会的稳定或权威而违背自己内心的信仰,于是他们都选择了与当时的教会为敌,即使这一局面不是他们希望看到的。因此将马克安与路德一样称之为改革家并不过分,尽管前者的改革作为异端被镇压而逐渐消亡,而后者的改革虽然遭到反对却获得了最终的胜利。作为改革家,他们

---

① 哈纳克:《论马克安:陌生上帝的福音》,朱雁冰译,北京:三联书店2007 年版,第 235 页。

都选择了保罗神学作为捍卫自己立场的基石,或许正是保罗给了他们行动的勇气。

三、马克安与 20 世纪基督教哲学

当历史进入 20 世纪,两次世界大战的爆发给世界和人类造成了难以弥补的伤害。亲历灾难的思想家和哲学家们开始反思人类的行为。正是在这一历史时期,20 世纪的基督教神学也开始转型。

卡尔巴特应该是 20 世纪最伟大的新教哲学家之一。他的神学完成了从自由主义向新正统主义神学的转变。1919 年,巴特出版了神学著作《罗马书释义》,这本书的出版被认为是 19 世纪神学的终结,也是 20 世纪神学的开端①。在巴特此书初问世不久,哈纳克就出版了《论马克安》一书,立刻有学者发现了巴特与马克安之间的相似之处,以至于巴特不得不在修订版的前言中强调:"拙著写到一半时,哈纳克论马西安(即马克安)的书问世了。只要看过他的书并且至少浏览过拙著,就不难理解我为什么非要提到它。我在读到关于它的最初几篇书评时,也为某些惊人的相似之处而感到疑惑。但我还是要请大家明察,不要迫不及待地将我视为马西安主义者而大加赞赏或大加挞伐。"②有趣的是,巴特曾

① 葛伦斯、奥尔森:《二十世纪神学评论》,刘良淑、任孝琦译,台北:校园书房出版社 2003 年版,第 79 页。
② 卡尔巴特:《罗马书释义》,魏育青译,上海:华东师范大学出版社 2005 年版,"再版前言"第 15 页。

经是哈纳克的学生,后来却反对老师的主张,前者是新正统神学的创始人,而后者则是利奇尔自由主义神学的晚期主要代表人物,二人曾在20世纪20年代围绕历史与启示展开了一系列的公开辩论。哈纳克从历史的维度出发,选择了马克安作为自己钟爱一生的研究对象,而巴特将上帝的启示看作永恒事件并作为自己神学思考的主题却与马克安强调的基督论有着相似之处,两位意见相左的现代思想家竟然都与马克安有着深刻的渊源,这的确是件奇妙的事情。

作为危机神学的代表人物之一,巴特和他的追随者那里的确有马克安的印记。巴特强调神人之间的无限距离,人类无法依靠自己的理性认识上帝,"上帝乃全然相异者"。[①] 他反对自然神学,对被造物而言,上帝是未知而隐匿的。巴特的"未知上帝"与马克安的"陌生上帝"竟有异曲同工之妙。前者为了抵抗自由主义神学所导致的人类理性膨胀,而后者则为了解释新约与旧约的不一致,于是他们有了相似的结论:如果没有上帝的启示,人类根本无法认知上帝。而这启示的关键就是基督耶稣的降临。当然,巴特并没有如马克安一般否定旧约和旧约神,他只是"把启示的上帝放在与作为自然规律的上帝相对立的地位上。在自然规律和历史中,人被看成是由他自己而存在的。"[②]作为一个20世纪的基督教思想家,无论如何是不太可能得到如公元2世纪的马克安一

① 詹姆斯·C.利文斯顿:《现代基督教思想》(下卷),何光沪译,赛宁校,成都:四川人民出版社1999年版,第651页。
② 蒂利希:《基督教思想史——从其犹太和希腊发端到存在主义》,尹大贻译,北京:东方出版社2008年版,第38页。

般的二元神的结论,"这样的奇异神话在今天将是不可能的。毋宁说,它讲的是在理性和道德的自然世界和与其他领域相反的启示的宗教领域之间的极端矛盾。"①

无论是路德还是巴特,他们都受过系统的神学训练,吸收了基督教神学发展了两千年的精华,他们所做的神学思考当然比马克安更为深刻,但令人惊讶的是,在经历了教会的堕落和社会的动荡后,两人仍旧选择回到基督教的起点,从保罗神学开始自己的神学之路。这与马克安的初衷不谋而合,即排除信仰的一切不确定和矛盾的因素,选择一条单纯确定的神学进路。

当然,从同一起点出发并不意味着结论全然相同,尤其是马克安最终选择了二元论的诠释方法,将造物主与拯救神区分开来,造物主创造了世界,也创造了人类。人类完全属于造物主所有,因此肩负所有的罪恶并受律法的约束。库利亚诺称他为"西方形而上学中悲观色彩最重者之一"②。

第三节　马克安与存在主义

马克安的这种负有悲观主义色彩的宇宙论和人类学与当代存在主义思潮具有某种相似性。现代存在主义思潮中时刻呈现出一

---

① 蒂利希:《基督教思想史——从其犹太和希腊发端到存在主义》,尹大贻译,北京:东方出版社 2008 年版,第 38 页。
② 约安·P.库里亚诺:《西方二元灵知论——历史与神话》,张湛、王伟译,莫伟民校,上海:人民出版社 2009 年版,第 176 页。

种疏离感,人与自身生存的这个世界之间的疏离。20 世纪以来,现代科学与技术的发展有了本质的突破,在世界范围内,人类科技取得了无与伦比的成就,推动了经济的迅速发展。然而,在这些繁荣现象背后,现当代思想家们却察觉到了这些巨大成就外衣包裹下的人类文明危机。胡塞尔早在 20 世纪就指出,西方文明危机的根源是现代科学的客观主义偏离了古希腊哲学奠定的理性精神,从而导致了生存意义的丧失。

一、反宇宙主义

正如约纳斯所言,天文学的革命颠覆了古希腊以来西方哲学对宇宙的认识。无限宇宙的概念推翻了长久以来占据权威地位的亚里士多德—托勒密稳定有序的宇宙模型。现代人"'被扔进了这个广袤无垠的空间之中,我对它一无所知,它也不认识我。我被吓坏了。'它不认识我:这不只是宇宙空间的无限令人恐惧,不只是比例上的不对称,人在它的广袤空间里无足轻重,这是'死寂',是宇宙对人类欲求的漠不关心——人类事物在其中荒谬的上演,而这个宇宙对它不闻不问——这构成了人在万物整体当中的极度孤独。"①

古希腊思想家对宇宙充满了敬畏,宇宙秩序谱写了万物和谐生存的美妙乐章,赋予了宇宙万物存在的意义。基督教用上帝创

---

① Hans Jonas, *The Gnostic Religion: The Message of the Alien God and the Beginnings of Christianity*, Boston: Beacon Press, 1963, p.322.

世的神学来统一人与世界之间的关系,但却留下了如何解释"现实之恶"的难题。马克安不能接受至善之神创造出这样一个有瑕疵的世界,他将整个世界看作是束缚人类的牢笼,这个牢笼使人无法找到自己生存的真正意义。现代科技的革命似乎在不断验证着这种看似离经叛道的理论。那被认为是"第一存在"的宇宙秩序很可能根本不存在,行星的运动不是完满的圆周运动,人类不是宇宙的中心,地球和其他行星一样,是一个偶然的存在,不知道何时会消殒,曾经被赋予的一切意义都在被否定。曾经主观的、神圣的宇宙被现代科技褪去了面纱,逐渐变成了客观的、与人类毫无关联的物质体系。

人与世界的对立使人处于一种异化的状态,由此而产生了一种对这个世界、对创造这个世界的神的反叛情绪。尼采用"上帝死了"将这种反叛情绪彻底地宣泄出来,宇宙不再是一个完满有序的存在,"宇宙的神死了,也就是作为一个神不再神圣,无法再为我们指示人生的方向"[1]。马克安对这个世界也充满了厌恶,这种厌恶使得他一定要切断与创造这个世界的旧约神的一切联系。与尼采一样,马克安也反叛的拒绝这个被创造的世界。约纳斯甚至因此称马克安为精神上的诺斯替主义[2]。不同的是,马克安没有尼采那么决绝,完全否定了整个超验世界对人的影响。马克安

---

① Hans Jonas, *The Gnostic Religion: The Message of the Alien God and the Beginnings of Christianity*, Boston: Beacon Press, 1963, p.331.

② 约纳斯认为,马克安表达了诺斯替主义的这种反叛世界的情绪。正如马克安所主张的,宇宙的造物主是卑贱的,与异乡上帝之间具有不可调和的对立关系。所以他将马克安看作是诺斯替主义精神的产物。

摒弃了旧约的造物主,将新约中的神作为异乡上帝的存在重新与人建立联系。

二、人的异化与救赎

从帕斯卡(pascal)开始,就透露出对人类存在状态的恐惧与焦虑。作为"会思想的芦苇",人的存在是极其偶然的,具有不确定性,人类无法找到自己存在的价值,目的论似乎被排除在人类世界之外。蒂利希将这种不确定性称之为"非存在"(non-being)。"非存在作为存在的'还没有'和存在的'不再有'而显现出来。"①非存在与存在具有辩证的关系,作为存在的对立面,非存在时刻都威胁着存在。对存在主义者而言,人类最大的孤独和恐惧来自于与这个世界的疏离感。一方面人是有限的,这种有限性驱使人们不断寻找自己的根源;另一方面在自己生活的自然体系中竟然又无法寻找到任何与自己相关的联系。这种状态被帕斯卡描述成"无根的浮萍"。尽管这样的状态赋予了人们绝对的自由,但这种选择的自由所面对的却是没有目标的终点。或许只有死亡才是人生最为真实的结局。

马克安的人类学何尝不是如此悲观。人类生来便在宇宙的牢笼之中,命运掌控在一个暴躁易怒的造物主手中,由于造物主的自身缺陷使得人类具有某些局限性,使人又不得不被动的遵守自己

---

① Paul Tillich, *Systematic Theology I*, Chicago：University of Chicago Press,1951,p.189.

无法完全履行的由造物主为人类指定的律法,并因此需要受到它的惩罚。换而言之,人类陷于一个残酷绝望且永远无法逃脱的困境之中。甚至在基督耶稣降临之后,人类看似能够选择得到救赎,但由于担心是造物主的又一次试探,而在未知神的恩典前犹豫不决。马克安同时代的基督教思想家很少有如此悲观的情绪,即便是诺斯替主义,认为人类被囚禁在这个世界的牢笼之中,但人类通过启示清晰的了解自己的灵魂并不属于这个世界,肉体的被束缚并不影响灵魂的向上回归。但在马克安那里,人类连逃脱的机会都没有,因为人类完完全全是造物主的原创。只能被动地等待救赎。未知的、异乡的、全善的神以基督耶稣的受难为代价给予了人们得救的可能。

虽然马克安的神学一直以来并没有受到太多的重视,一方面因为他的影响力自他的教会衰落后就逐渐消逝,另一方面他的思想本身的确存在一些矛盾和混乱的地方。马克安的根本问题不在于他引入了相异的思想,而在于他的夸大其词,他为了凸显自己认为最重要的部分,往往会夸大该内容并忽略其他相关因素。但值得注意的是,马克安超越其他一切认知最为看重的部分正是基督教的核心要素之一,遗憾的是马克安的批评者们——尤其是德尔图良在指责他时并没有肯定他这一点。而这一点被哈纳克发现并据此重新评估了马克安的重要性。所以从某种意义上教会并不是否定了马克安的思想,而是通过添加一些被马克安忽略的元素而完成了他的思想,比如坚持宇宙论和基督救世论同样重要,或者真正的神学本质是包含创世和救赎两方面而不是非此即彼。击败马克安主义的并非德尔图良,而是亚历山大学派,他们运用了许多马克安的观点而呈现了一种全新的基督教哲学,最终使马克安主义无力还击。麦吉菲尔(Mcgiffert)有一些合理的评论:"教父们更多地关注神的权威、力量和创造的活动而不是他的道德品质,尽管他们频繁地提及神圣的审判和神的仁慈。他们似乎只有在回应马克安的教导时才会关注神的品格,他们所描绘的神的图画大部分是通过对比正义和善决定的。基督教的神正论还没有从这种状态的影响之下恢复。"①

　　然而,从公元2世纪的神学发展而言,马克安的确超越了他所生活的时代。仅仅是他对保罗神学的重视就足以说明这一点。即便是21世纪的今天,保罗神学仍是基督教思想家们热衷研究的对象。路德选择保罗神学作为自己信仰的基础,巴特神学中也有诸多保罗神学的特质,这或许是马克安能够跨越时空在现代显灵的重要原因之一。这也是本书选取马克安为研究对象的初衷,希望能够发现这位被历史湮没的最古老的基督教异端分子的真正价值所在。

---

① Mcgiffert, *The God of the Early Christians*, p.187.

结　语

　　基督宗教从诞生开始,发展至今天成为全球信仰人数最多的宗教①,其发展之路坎坷艰辛。从基督教内部的发展路径看来,无论是早期发展方向的确定,还是后来由于各种原因造成的两次教会内部的大分裂,都是基督教的重大转折点。回到基督教的起点,第一次重大转折应当归于一个人,如果没有他的出现,基督教很有可能只是作为犹太教的一个分支存在甚至最终消失在历史中。而这个人却使基督教具备了成为世界性宗教的条件,而基督教会也成功地利用了这个条件最终发展到今天的规模。这个关键人物就是使徒保罗。

　　保罗从犹太教皈依基督教后,做出了一个大胆的决定:将基督教的大门向外邦人敞开。基督教的信仰主体不再只限定在犹太教群体内,信仰的开放为当时的基督教提供了更多的生存空间,也带来了许多问题。最关键的问题在于如何协调外邦人与犹太人的共

---

　　① 网络资料,参考维基百科,"Christianity"词条。http://en.wikipedia.org/wiki/Christianity#cite_note-3。

同信仰。保罗为此也做出了一些调整,他亲自写信给加拉太人①,强调真正的基督徒应当通过信仰基督耶稣而享有自由,称义不是因为遵行律法而是因为对耶稣的信心②。然而保罗并没有完全解决基督教开放后的问题,他甚至引入了一些新的困难。但自他之后,基督教彻底从犹太教的分支中脱离,开始成为世界性的宗教。在此之前,欧洲大陆并没有一个统一的宗教,罗马帝国的建立,领土的急剧扩张,东方宗教和西方宗教的碰撞融合造成了帝国境内宗教多元混合的状况。而基督教必须得面临这样的宗教环境,"作为一个极具宗教性的民族的宗教史的完整体现,它的构成并非为了适应个别群体的虔诚需求,而是为了适应最广泛的、质素和教育各不相同的众多群体的千差万别的需求。"③

基督教在雏形阶段就要处理如此错综复杂的问题,早期教会因此承受了巨大的压力。对教会而言,使徒保罗是伟大的,他使基督教的规模在短时间内迅速扩大,但保罗遗留的问题也是令人头疼的,如何能够完美的解释作为"普适宗教"的基督教与民族宗教的犹太教之间的渊源呢? 公元 2 世纪的教会并不具备这样的能力。所以,不管是有意还是无意,在基督教诞生的最初两个世纪,保罗神学并没有受到教会的重视。但马克安意识到了他的价值。

从前面的论述中不难发现保罗神学几乎是整个马克安思想的

---

① 《圣经》NIV 中文和合本,2007 年,加拉太书,6:11:"请看我亲手写给你们的字是何等的大呢!"第 336 页。

② 《圣经》NIV 中文和合本,2007 年,参考加拉太书,2:15—3:29 的内容。

③ 哈纳克:《论马克安:陌生上帝的福音》,朱雁冰译,北京:三联书店2007 年版,第 14 页。

根基。就理论角度而言,马克安并没有太多个人的创新,他的独创性在于将具有东方宗教特色的二元论和希腊哲学的二元论融合在一起并架构在保罗的思想核心之上。正如蒂利希所言,"马克安派是一种极端保罗主义的形式,它在整个教会史中都是存在的。在现代时期,我们在巴特派(the Barthian School)中看到了它的影响,它把启示的上帝放在与作为自然规律的上帝相对立的地位上。"①

马克安选择并信任保罗为唯一传播真正福音的使徒,源于他虔诚的基督教信仰。因为相信基督耶稣的福音为真,所以无法忍受旧约中诸多不一致的地方。而保罗在他的书信中所透露的对律法与福音的区分让马克安找到了共鸣。所以,马克安首先是一个虔诚的信徒。但他的虔诚却是建立在理性主义的基础之上。马克安拒绝使用寓意释经法解读旧约,而选择忠于原文的理解,他对旧约的否定正是因为其记载与他所信仰的福音存在逻辑上的不一致。他建立自己的教会却从未自诩为神的使者或有超凡的宗教体验②,尽管这样更能使信徒们膜拜。但马克安的教导仍是通过他的逻辑推理所得出的结论。因此,正如库利亚诺所言,"马克安首先是一个理性主义的语文学家和神学家。"③他的理性教导他选择

---

① 蒂利希:《基督教思想史——从其犹太和希腊发端到存在主义》,尹大贻译,北京:东方出版社 2008 年版,第 38 页。

② 这两种方式自古以来都是新宗教诞生时其创始人最常见的说辞,即使在 21 世纪的今天,仍是屡见不鲜,而在公元 2 世纪,这几乎是一种必然的新宗教形成模式。

③ 约安·P.库里亚诺:《西方二元灵知论——历史与神话》,张湛、王伟译,莫伟民校,上海:人民出版社 2009 年版,第 175 页。

了一条与众不同的道路,一条简单明确的信仰之路。

　　然而,马克安不甘仅仅成为一个理论家,他更是一个敢想敢做的实践家。他编撰圣经,建立教会,短短几年就颇具规模。马克安并不想创建一个新的宗教,他只是在完成他所理解的真正的基督教理念而已。换而言之,他认为自己所做的是在修正基督教会正在犯下的错误。因此,称他为改革家并不为过。只是他的努力并没有成功。他被逐出了基督教会,他所建立的教会也在随后的几百年间逐渐没落消失。基督教则在既定的道路上发展裂变,越走越远。随着时间的流逝,时代的变迁,基督教信仰的人数越来越多,理论体系也越来越庞大和复杂,但却不断地有神学家们希望能够回归到最初最单纯的信仰之中去。比如马丁·路德,比如卡尔·巴特。无怪乎哈纳克能在他们之中看到马克安的影子。马克安的现代价值也在于此。然而国内几乎没有相关的资料,希望本书能够抛砖引玉,让更多的人了解马克安其人其思想,这也是本书写作的动力之一。

参 考 文 献

1. 阿利斯特·麦格拉思:《宗教改革运动思潮》,蔡锦图、陈佐人译,北京:中国社会科学出版社 2009 年版。

2. 爱德华·策勒尔:《古希 nos 腊哲学史纲》,翁绍军译,上海:上海人民出版社 2007 年版。

3. 奥尔森:《基督教神学思想史》,吴瑞诚、徐成德译,北京:北京大学出版社 2008 年版。

4. 卡尔·巴特:《罗马书释义》,魏育青译,上海:华东师范大学出版社 2005 年版。

5. 蒂利希:《基督教思想史——从其犹太和希腊发端到存在主义》,尹大贻译,北京:东方出版社 2008 年版。

6. 葛伦斯、奥尔森:《二十世纪神学评论》,刘良淑、任孝琦译,台北:校园书房出版社 2003 年版。

7. 哈纳克:《论马克安:陌生上帝的福音》,朱雁冰译,北京:三联书店 2007 年版。

8. 汉斯昆:《基督教大思想家》,包利民译,香港:汉语基督教文化所 1995 年版。

9. 汉斯·约纳斯:《诺斯替宗教》,张新樟译,上海:三联书店2006年版。

10. 胡斯都·L.冈察雷斯:《基督教思想史》,陈泽民、孙汉书、莫如喜、陆俊杰译,陈泽民、赵红军、许列民校,南京:译林出版社2008年版。

11. 罗宾逊、史密斯编:《灵知派经典之约翰密传》,杨克勤译,上海:华东师范大学出版社2008年版。

12. 刘小枫编:《灵知主义和现代性》,上海:华东师范大学出版社2008年版。

13.《圣经》,中文和合本,英文新国际版(NIV),南京:中国基督教三自爱国运动委员会、中国基督教协会2007年版。

14. 王艾明:《马丁·路德及新教伦理研究》,南京:译林出版社2011年版。

15. 王美秀、段琦、文庸、乐峰:《基督教史》,南京:江苏人民出版社2011年版。

16. 威廉·巴雷特:《非理性的人》,段德智译,上海:上海译文出版社2007年版。

17. 薇依:《重负与神恩》,顾嘉琛、杜小真译,北京:中国人民大学出版社2003年版。

18. 约安·P.库里亚诺:《西方二元灵知论——历史与神话》,张湛、王伟译,莫伟民校,上海:上海人民出版社2009年版。

19. 约翰·麦奎利(John Macquarrie):《二十世纪宗教思想》,高师宁、何光沪译,上海:上海人民出版社1987年版。

20. 约纳斯等:《灵知主义与现代性》,刘小枫选编,张新樟等译,上海:华东师范大学出版社 2005 年版。

21. 章雪富:《基督教的柏拉图主义:亚历山大里亚学派的逻各斯基督论》,北京:中国社会科学出版社 2012 年版。

22. 张新樟:《"诺斯"与拯救——古代诺斯替主义的神话哲学与精神修炼》,北京:三联书店 2011 年版。

23. 张新樟:《诺斯、政治与治疗——诺斯替主义的当代诠释》,杭州:浙江大学出版社 2008 年版。

24. 詹姆斯·C.利文斯顿:《现代基督教思想(上卷)》,何光沪译,赛宁校,成都:四川人民出版社 1999 年版。

25. 詹姆斯·C.利文斯顿:《现代基督教思想(下卷)》,何光沪译,赛宁校,成都:四川人民出版社 1999 年版。

26. Adolf Von Harnack.1961.*History of Dogma*,New York.

27. Andrew Philip Smith. 2009. *A Dictionary of Gnosticism*. Wheaton:Theosophical Publishing House.

28. Andrew McGowan.2011."Marcion's Love of Creation",Vol.9, No.3.*Journal of Early Christian Studies*.pp.295-311.

29. A.J.M. Wedderburn. 1987. "The Soteriology of the Mysteries and Pauline Baptismal Theology",*Novum Testamentum*,Vol.29,Fasc. 1.pp.53-72.

30. B.Aland,1973."Marcion:Versuch einer neuen Interpretation", *ZTK* 70.

31. Benjamin Walker,1983.*Gnosticism:It's History And Influence*, Wellingborough:Crucible.

32. Bultmann,1956.*Primitive Christianity*.New York.

33. Charles Thomas Brown, 2000. *The Gospel and Ignatius of Anti-och.* New York: Peter Lang.

34. Christopher Markschies. 2003. *Gnosis: An Introduction*, tr. John Bowden. London: T&T Clark.

35. David L. Dungan, 1974. "Reactionary Trends in the Gospel Producing Activity of the Early Church: Marcion, Tatian, Mark". in: M. Sabbe (ed.). *L' Évangileselon Marc: Tradition et redaction.* Leuven: U-niversity Press.

36. Dieter T. Roth. 2008. "Marcion's Gospel and Luke: The History of Research in Current Debate". *Journal of Biblical Literature* 127. no. 3.513–527.

37. E. C. Blackman, 1948. *Marcion and his Influence*, Oregon: Wipf and stock Publishers.

38. Epicurus, *Outlines of Pyrrhonism.*

39. Ernest De Witt Burton. 1912. "Some Implications of Paulin-ism". *The Biblical World*, Vol. 40, No. 6. pp. 403–412.

40. E. Urbach, 1975. *The Sages: Their Concepts And Beliefs.* Jerusa-lem: Magnes Press. Vol. 1.

41. F. C. Burkitt, 2012. *Church and Gnosis*, Cambridge University Press.

42. F. J. Foakes Jackson. 1903. *Christian Difficulties in the Second And Twentieth Centuries*, The Hulsean Lectures.

43. Greschat. *Apelles.*

44. Handbucbzum N. T., *Erganzungs–Band.*

45. H. C. Kee, 1986. *Medicine, Miracle and Magic*, Cambridge: C. U.P.

46. Henry Chadwick, 1967. *The early Church*, London: Penguin.

47. Ignatius, *Smyrn.*

48. Ignatius, *Philad.*

49. Irenaeus. *Against Heresies.*

50. J. G. Gager, 1972. "Marcion and Philosophy", *Vigilae Christianae* 26. North-Holland Publishing Company.

51. John Drane, 1974. "Gnosticism In The New Testament". *TSF Bulletin* 68 (Leicester, UCCF).

52. John W. Drane. 1974. "Tradition, Law and Ethics in Pauline Theology". *Novum Testamentum*. Vol. 16. Fasc. 3. pp. 167-178.

53. Joseph M. Farrell. 2010. *Deriving "Ought" From "Is": Hans Jonas and the Revival of Teleological Ethical Theory*. Temple Univesrity.

54. K. S. Latourette, 1955. *A History of Christianity*, London: Eyre & Spottiswoode Ltd.

55. Mcgiffert, *The God of the Early Christians.*

56. Michael Waldstein. 2000. "Hans Jonas' Construct 'Gnosticism': Analysis and Critique". *Journal of Early Christian Studies*. Vol. 8, No. 3. pp. 341-372.

57. Origen, *Contra Celsum.*

58. Paul Tillich, 1951. *Systematic Theology I*, Chicago: University of Chicago Press.

59. R. Joseph Hoffmann, 1984. *Marcion*: *On the Restitution of Christianity*, Scholars Press.

60. R.M.Grant. 1986. *Gods and the One God*, Westminster Press: Philadelphia.

61. Robert Smith Wilson, 1933. *Marcion*: *A Study of a Second Century Heretic*, London: James Clarke & CO.

62. Sebastian Moll, 2010. *The Arch - Heretic Marcion*, Mohr Siebeck Tubingen.

63. Tertullian. Ante-Nicene fathers. 1994. *Ante-Nicene fathers*: *the writings of the fathers down to A. D.* 325, Vol 3. Peabody. Mass: Hendrickson Publishers.

64. Vittorio Macchioro. 1928. " Orphism and Paulinism ". *The Journal of Religion.* Vol.8, No.3. pp.337-370.

65. W. Bousset, 1970. *Kyrios Christos*: *A History of the Belief in Christ from the Beginnings of Christianity to Irenaeus.* Nashville: Abingdon Press.